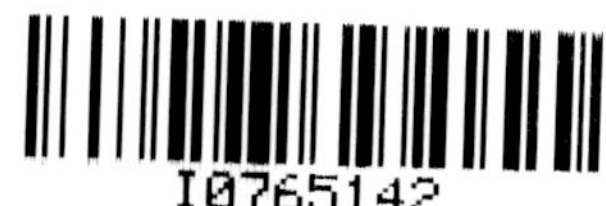

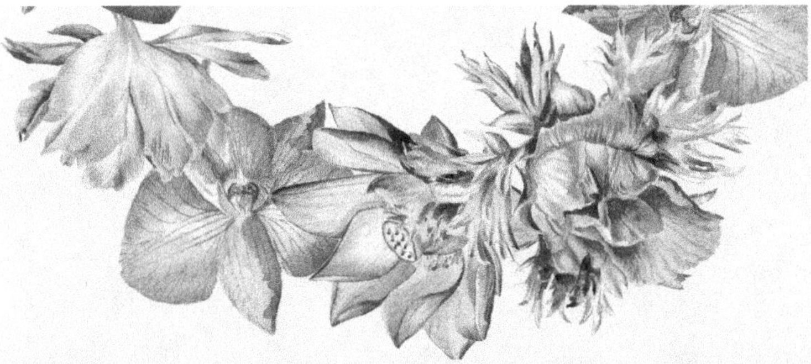

Fleurs
Et
Cactus

Livre De Coloriage Pour Adulte

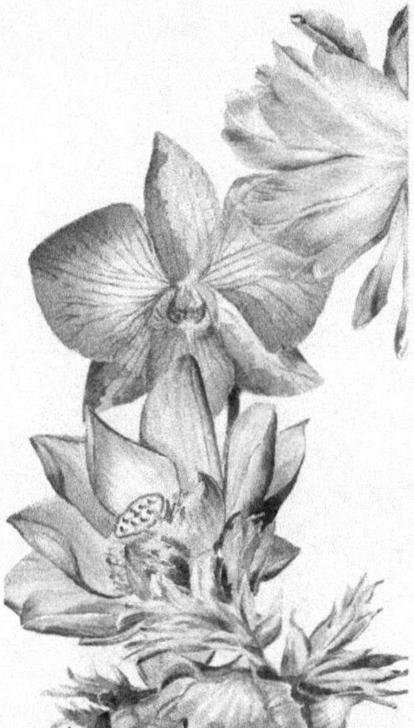

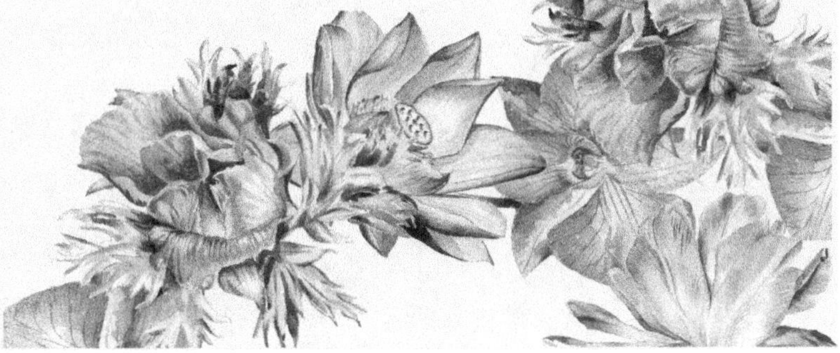

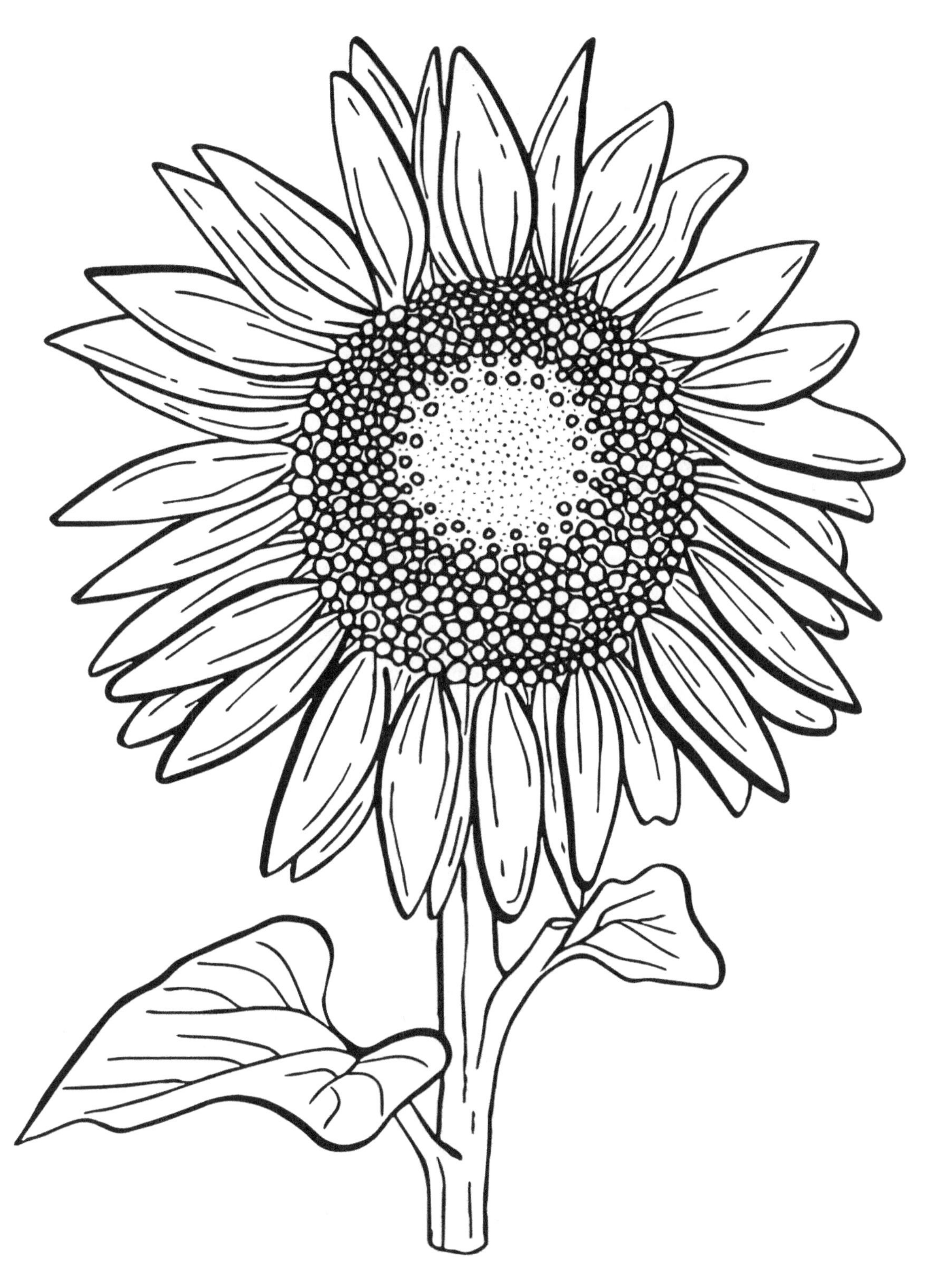

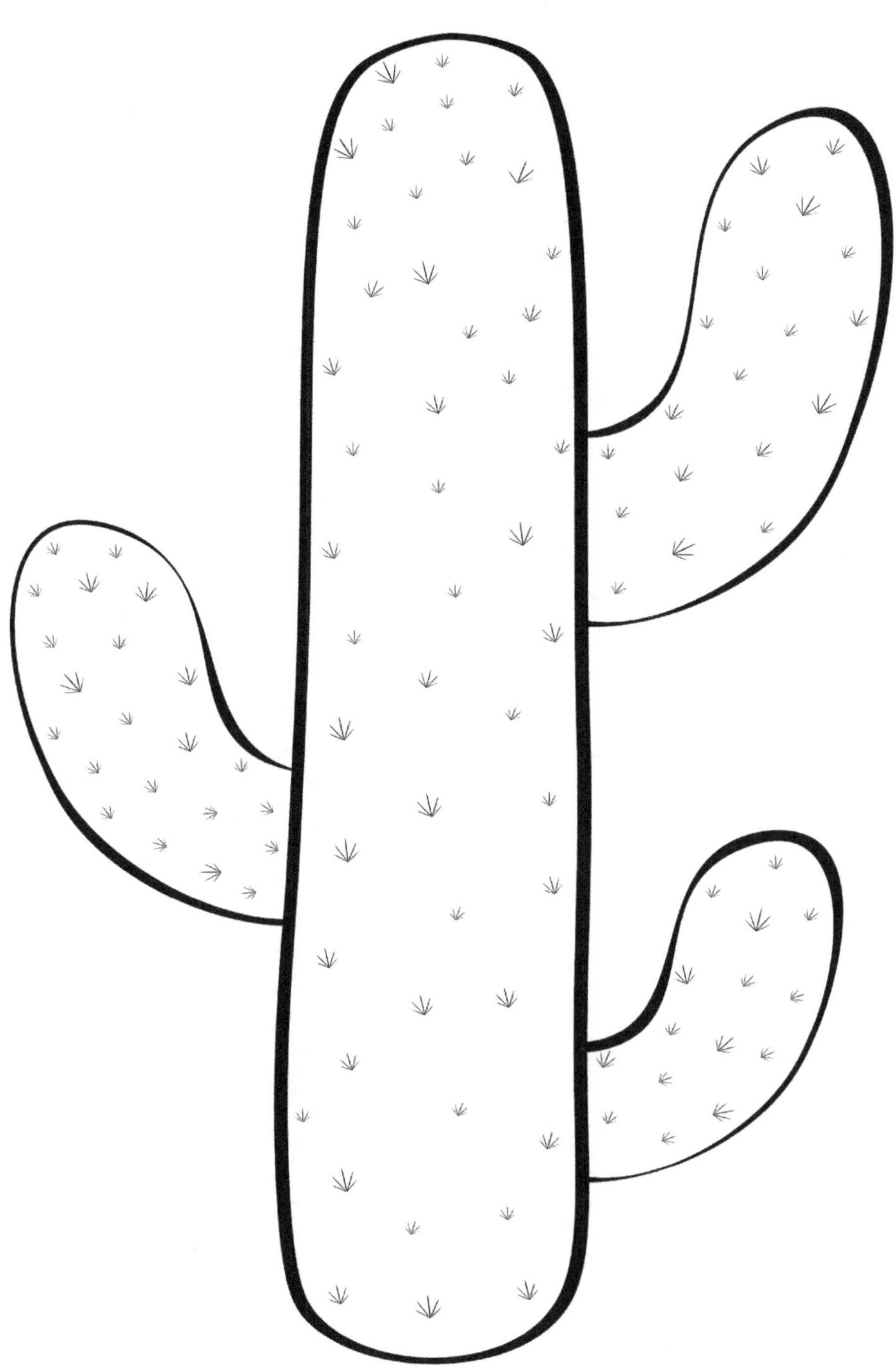

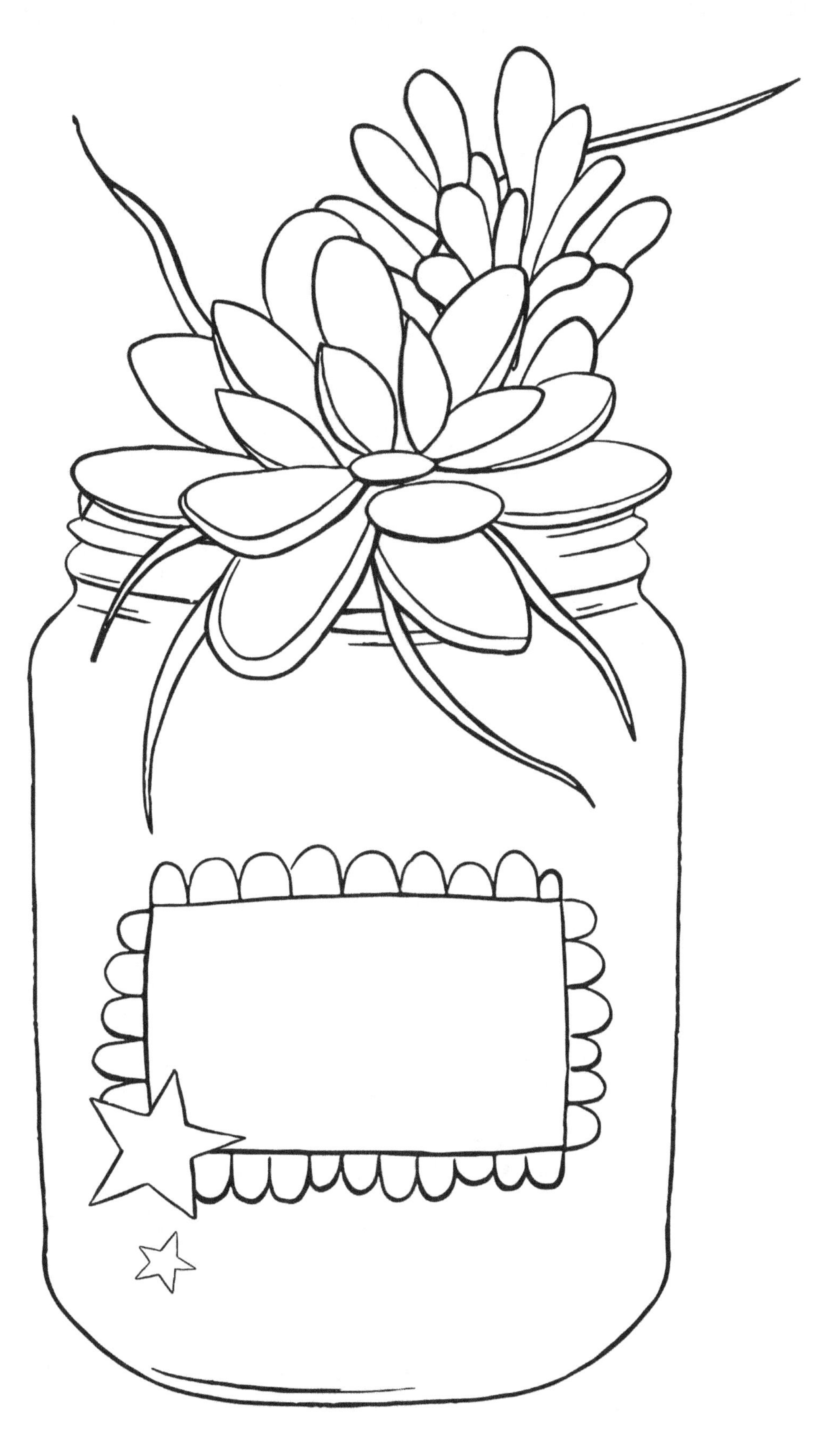

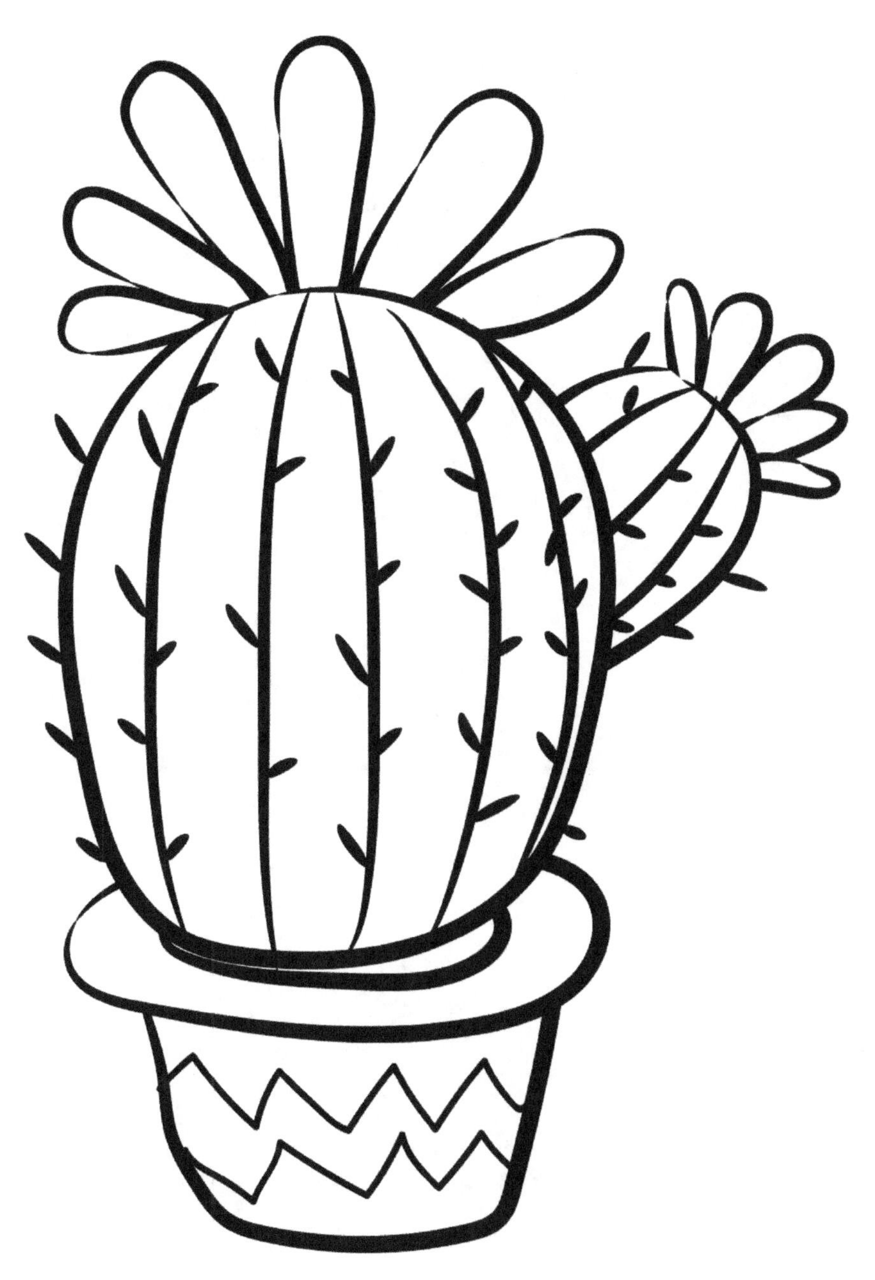

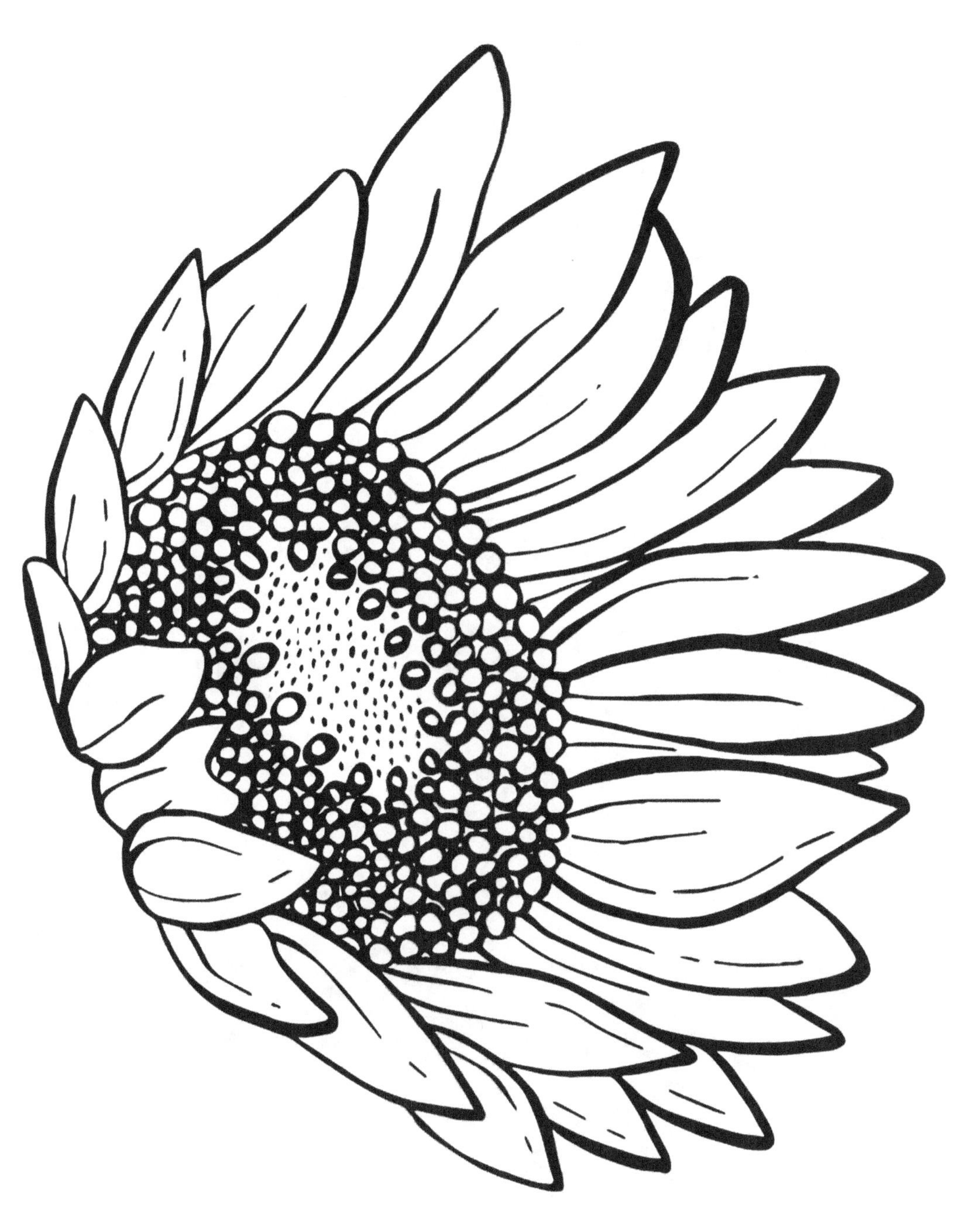

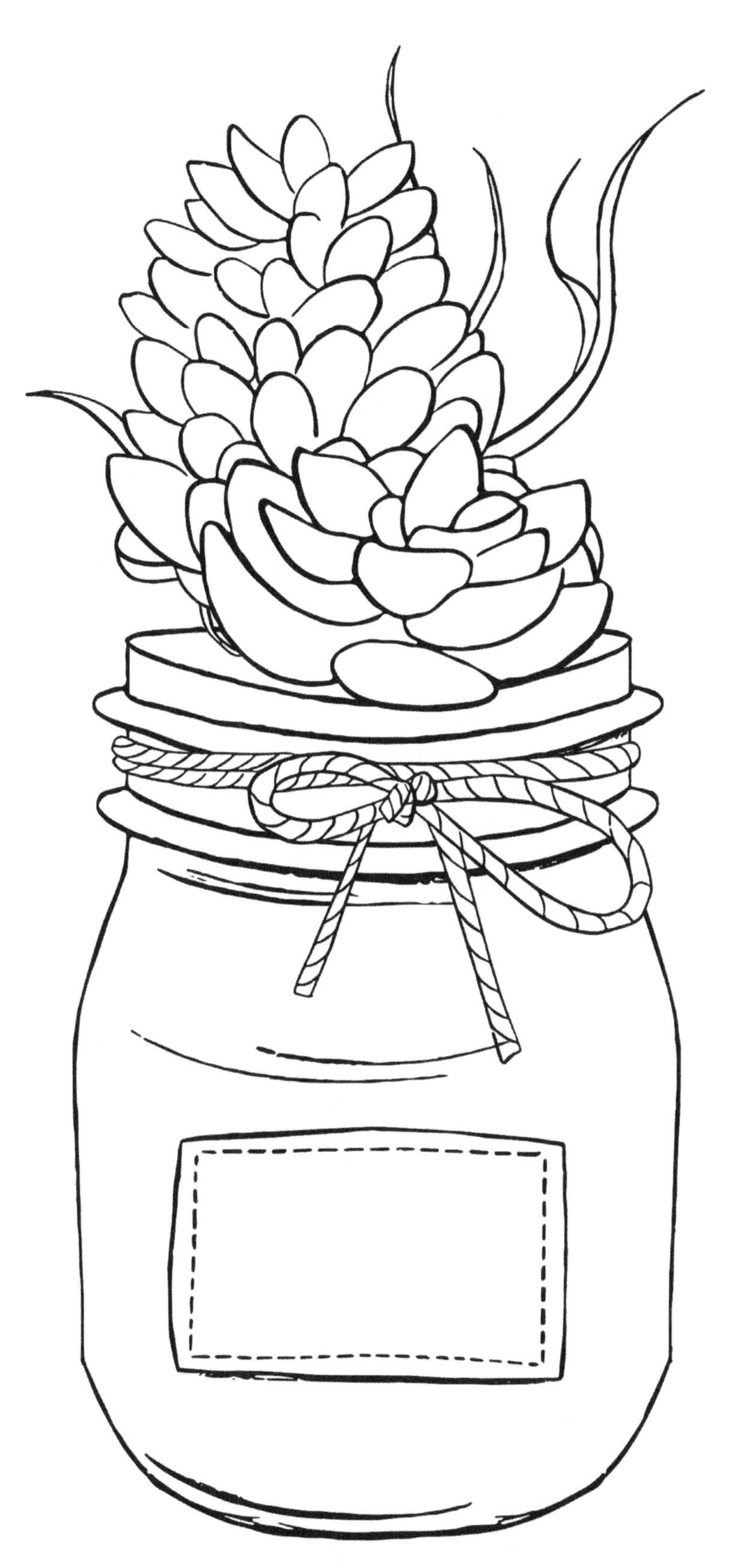

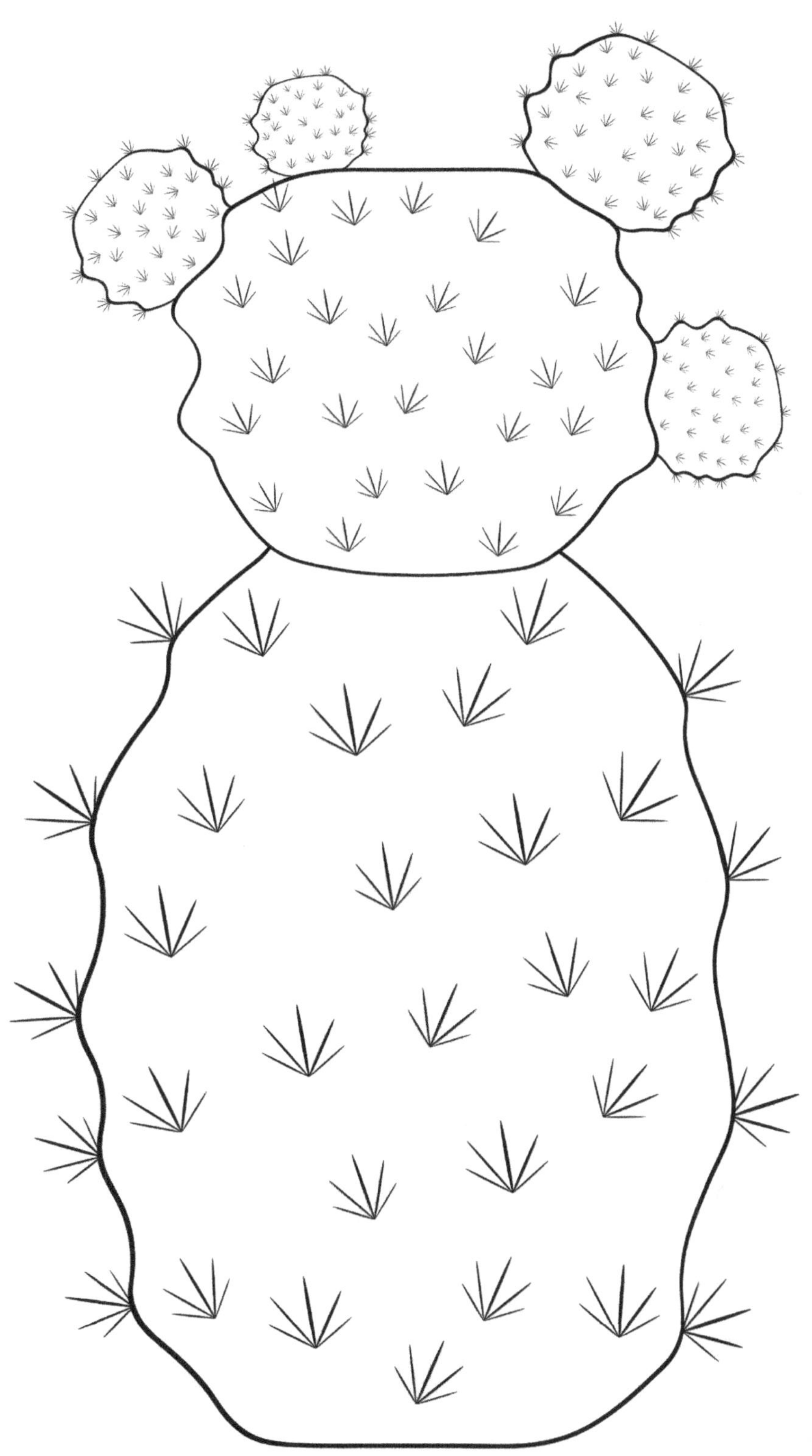

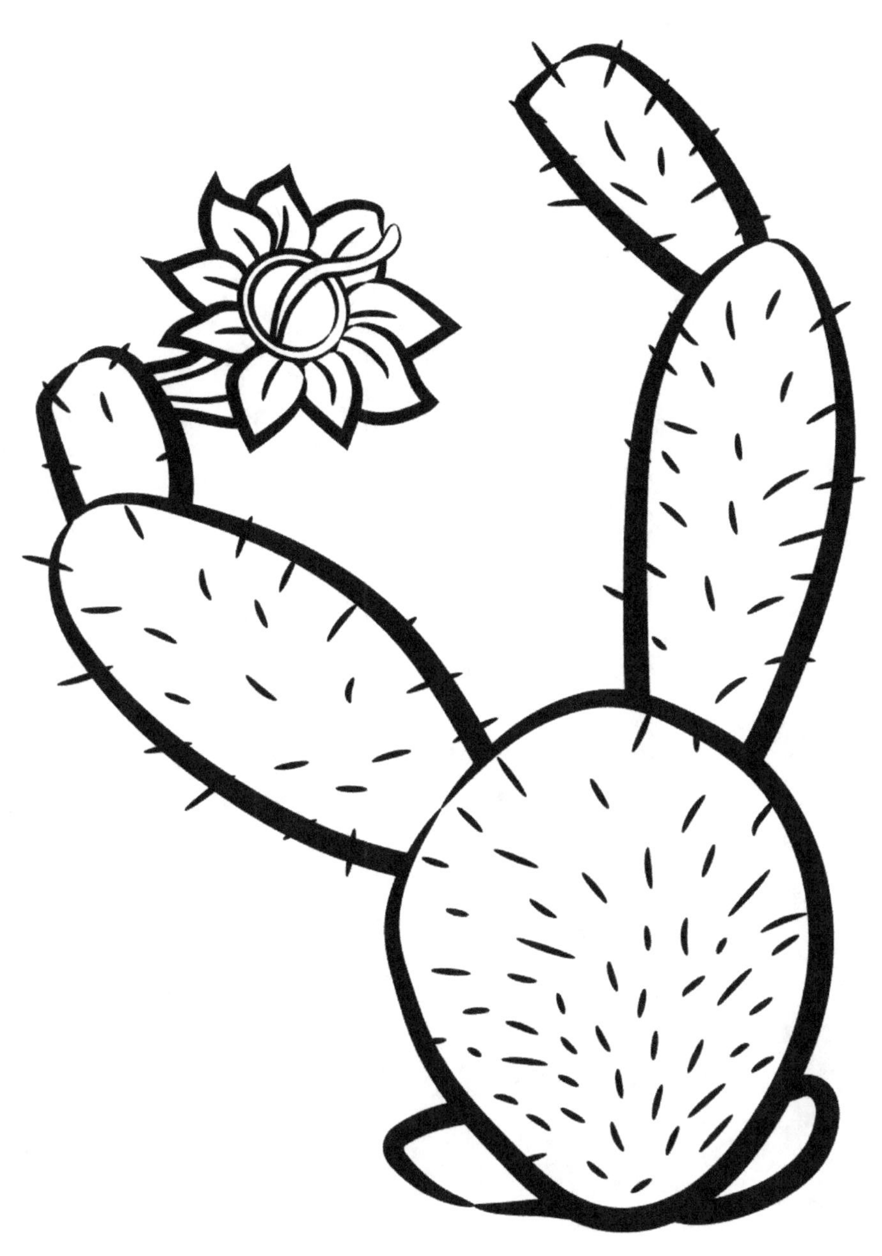

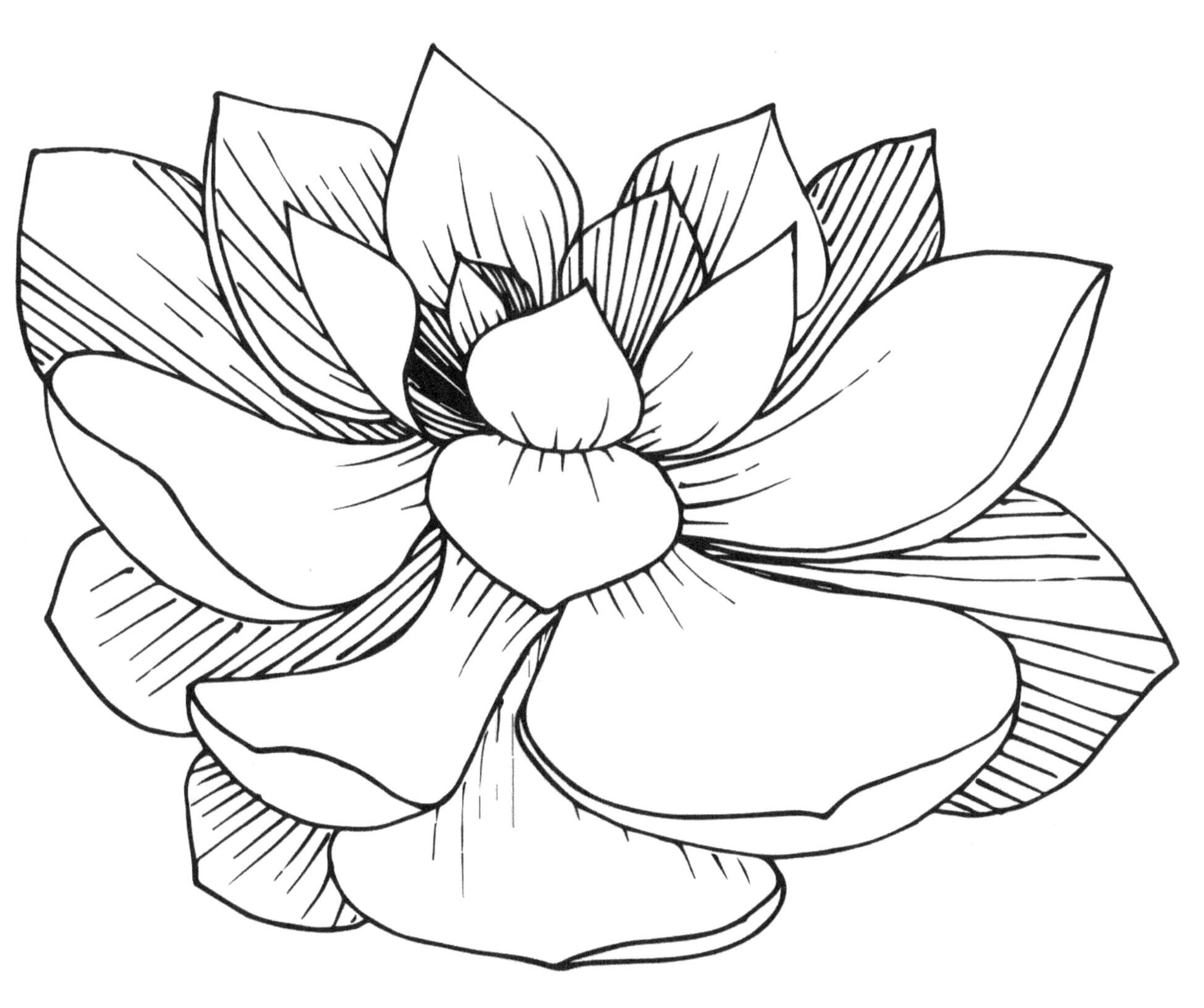

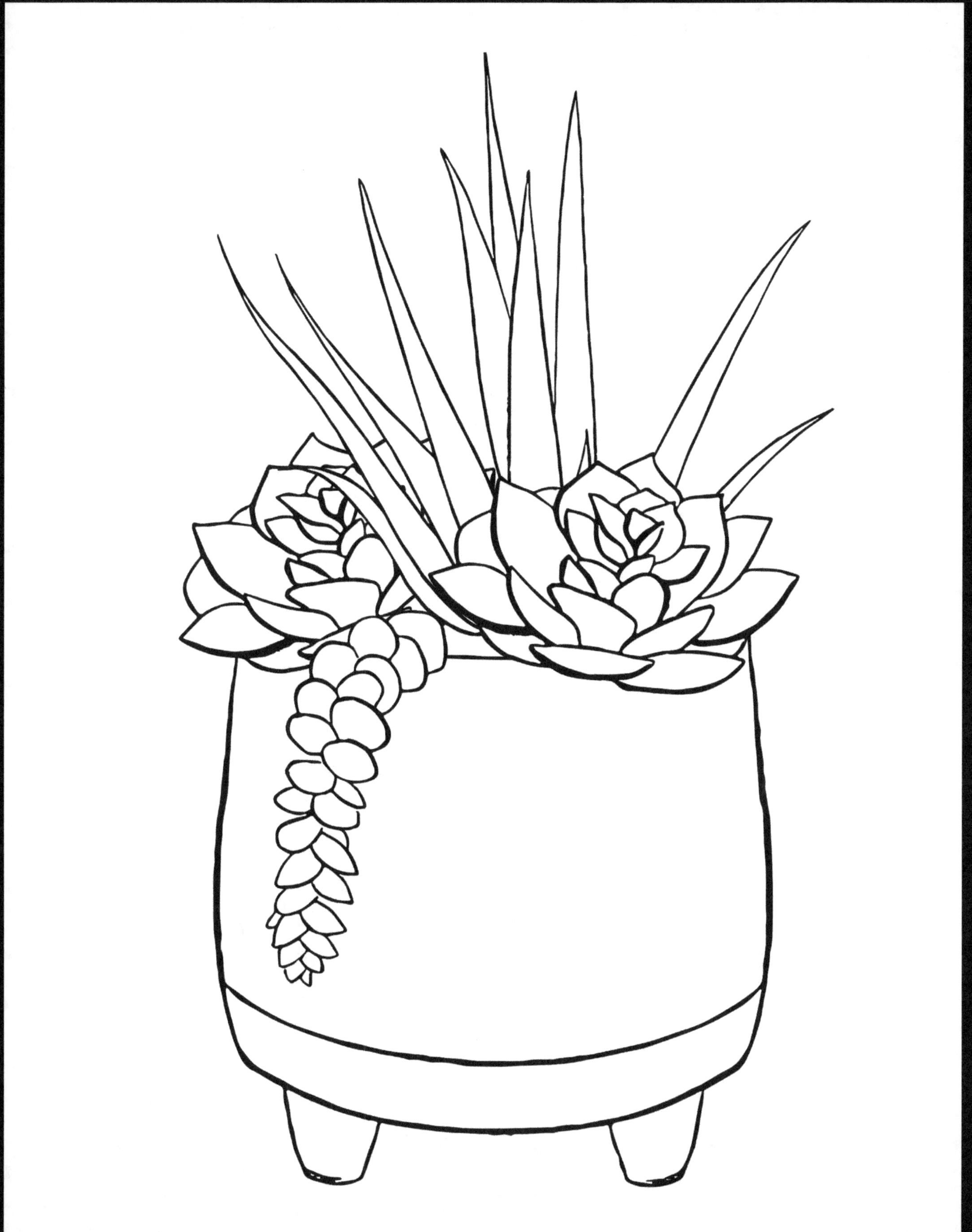

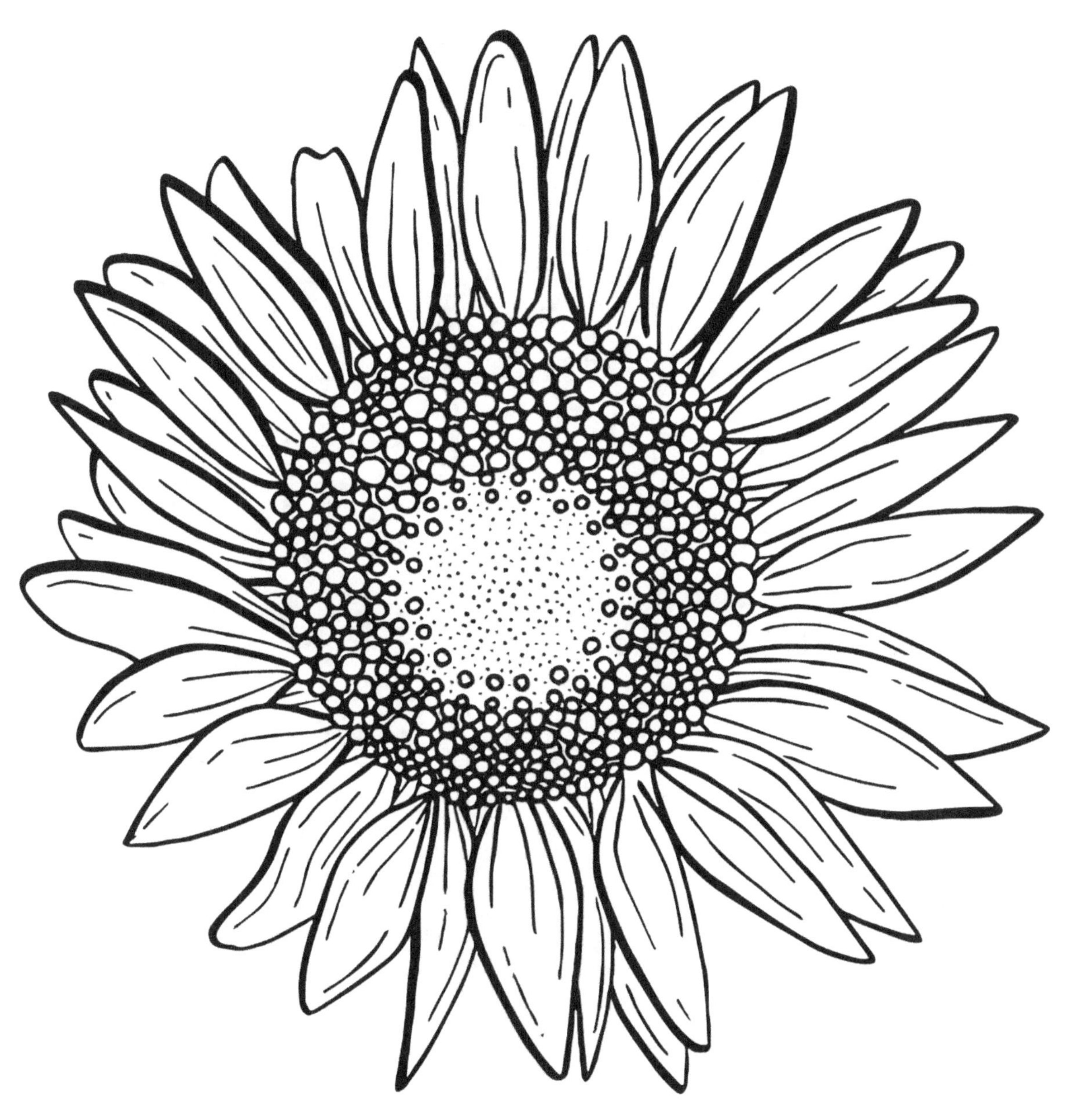

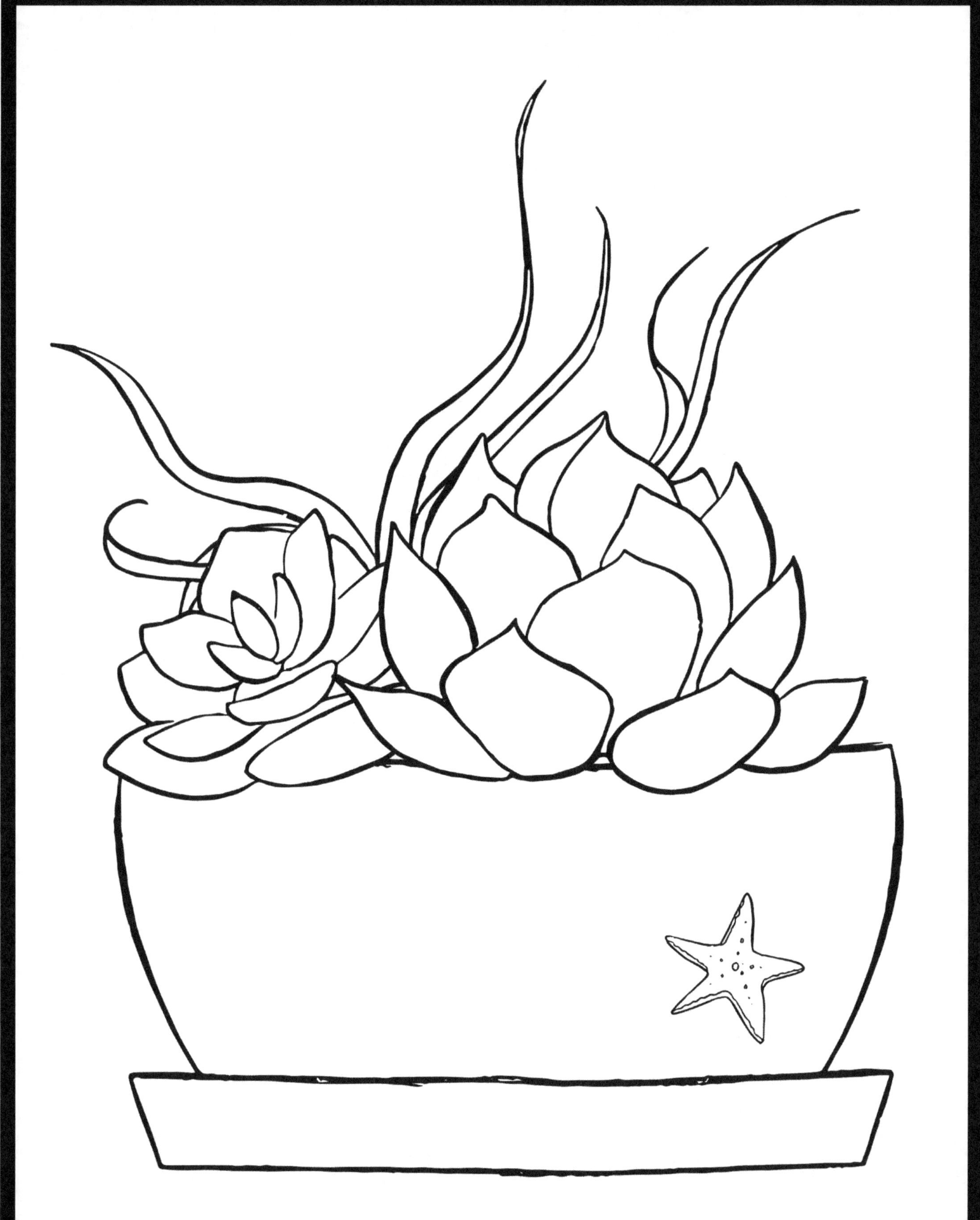

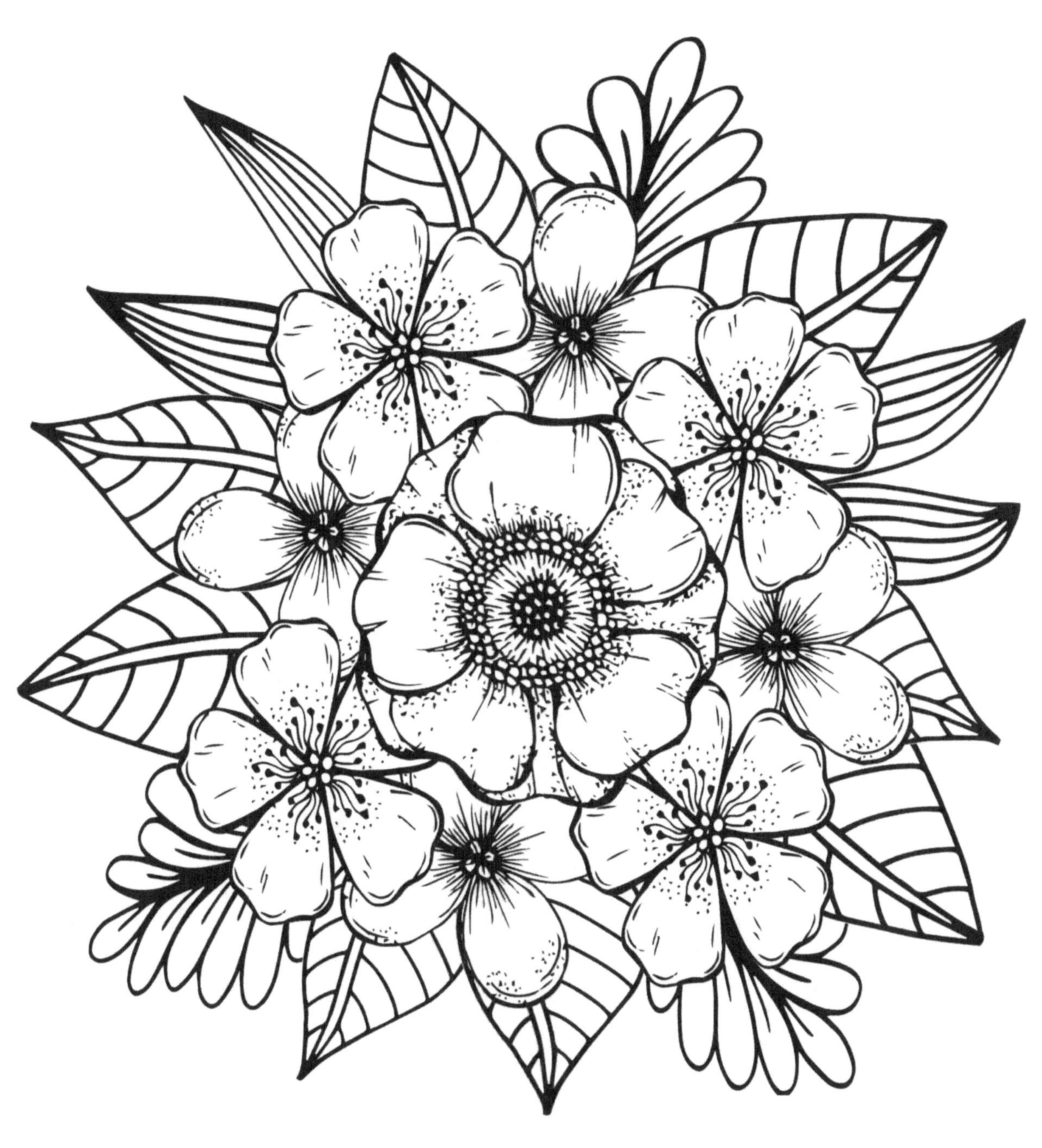

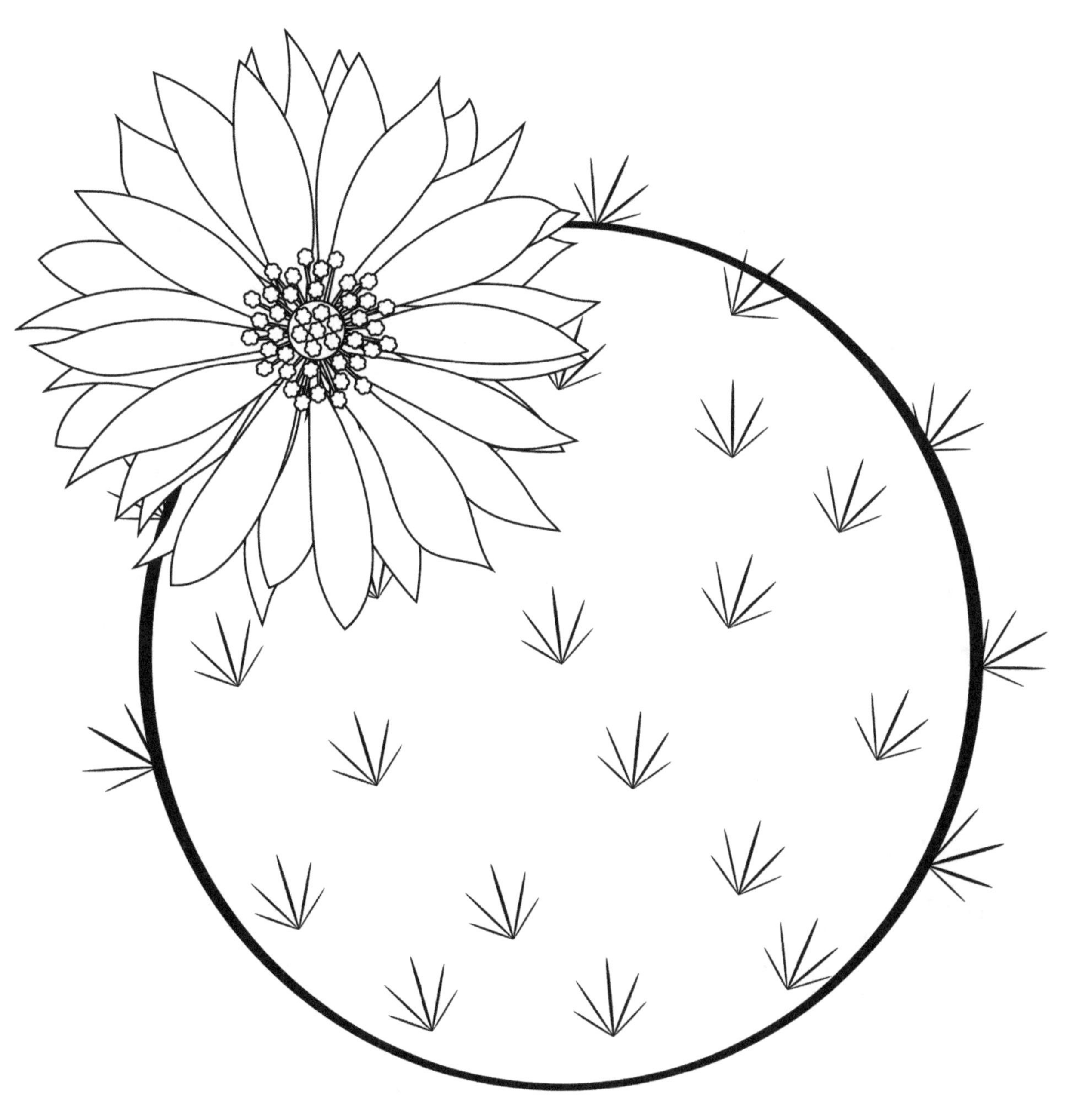

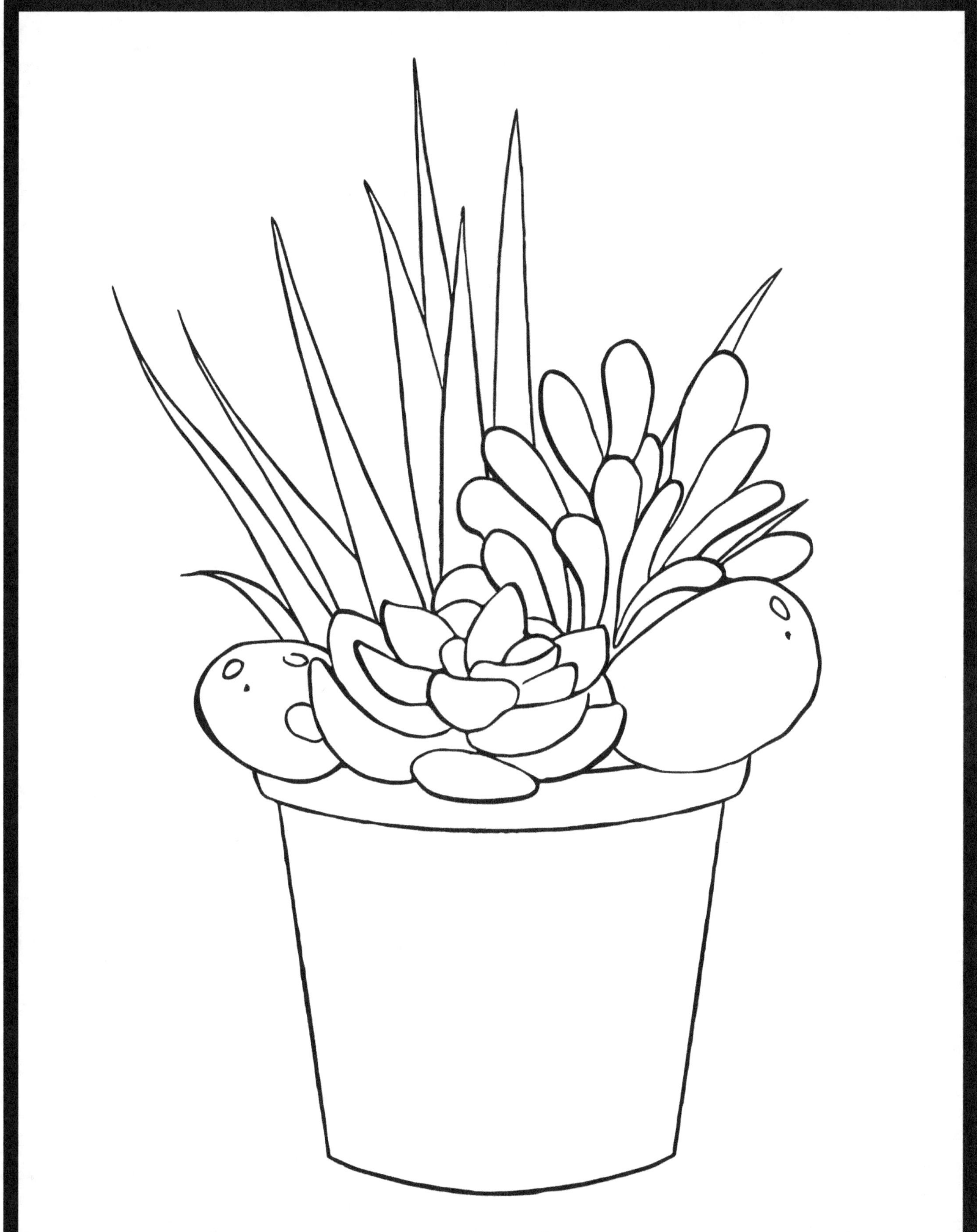

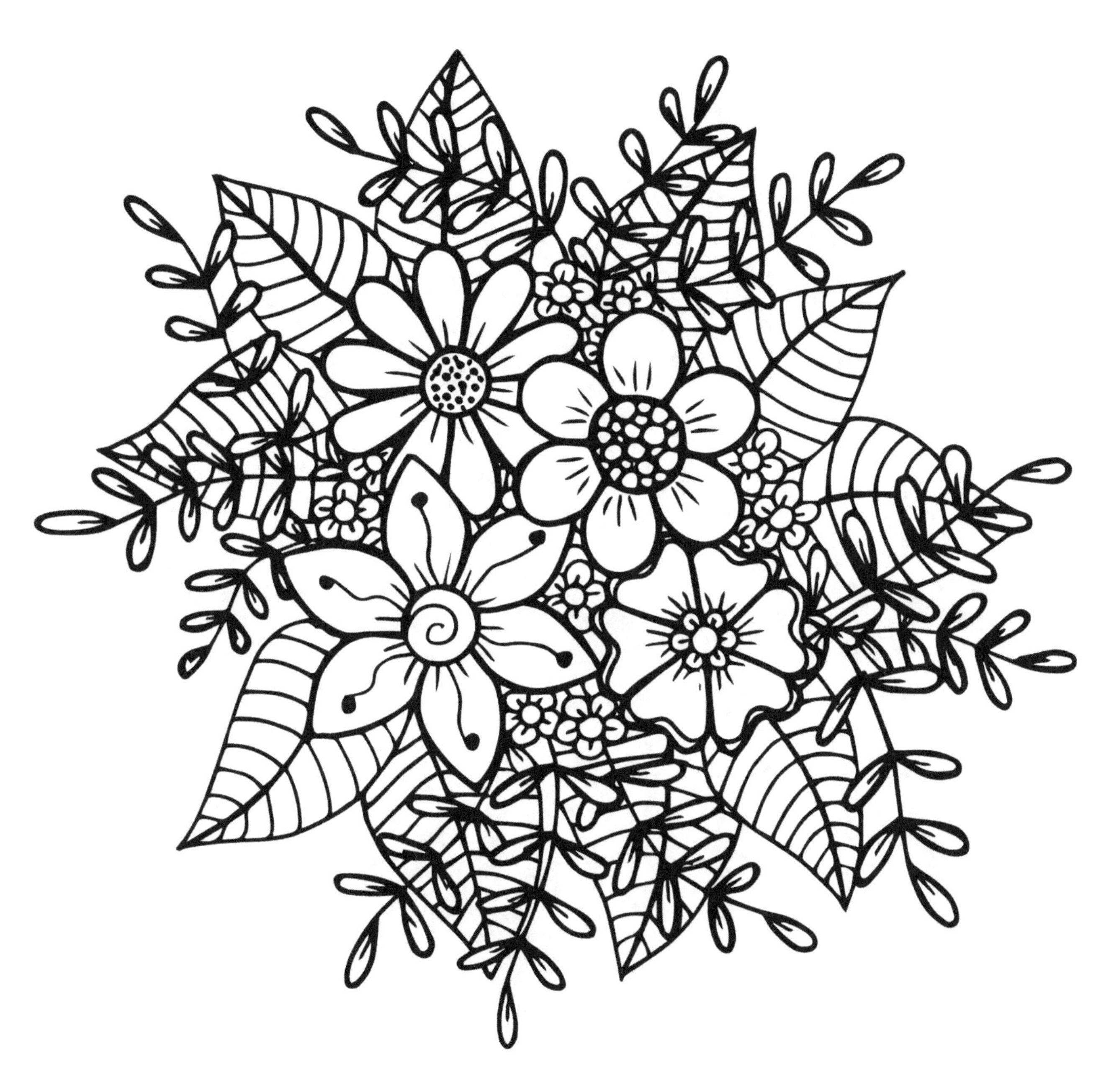

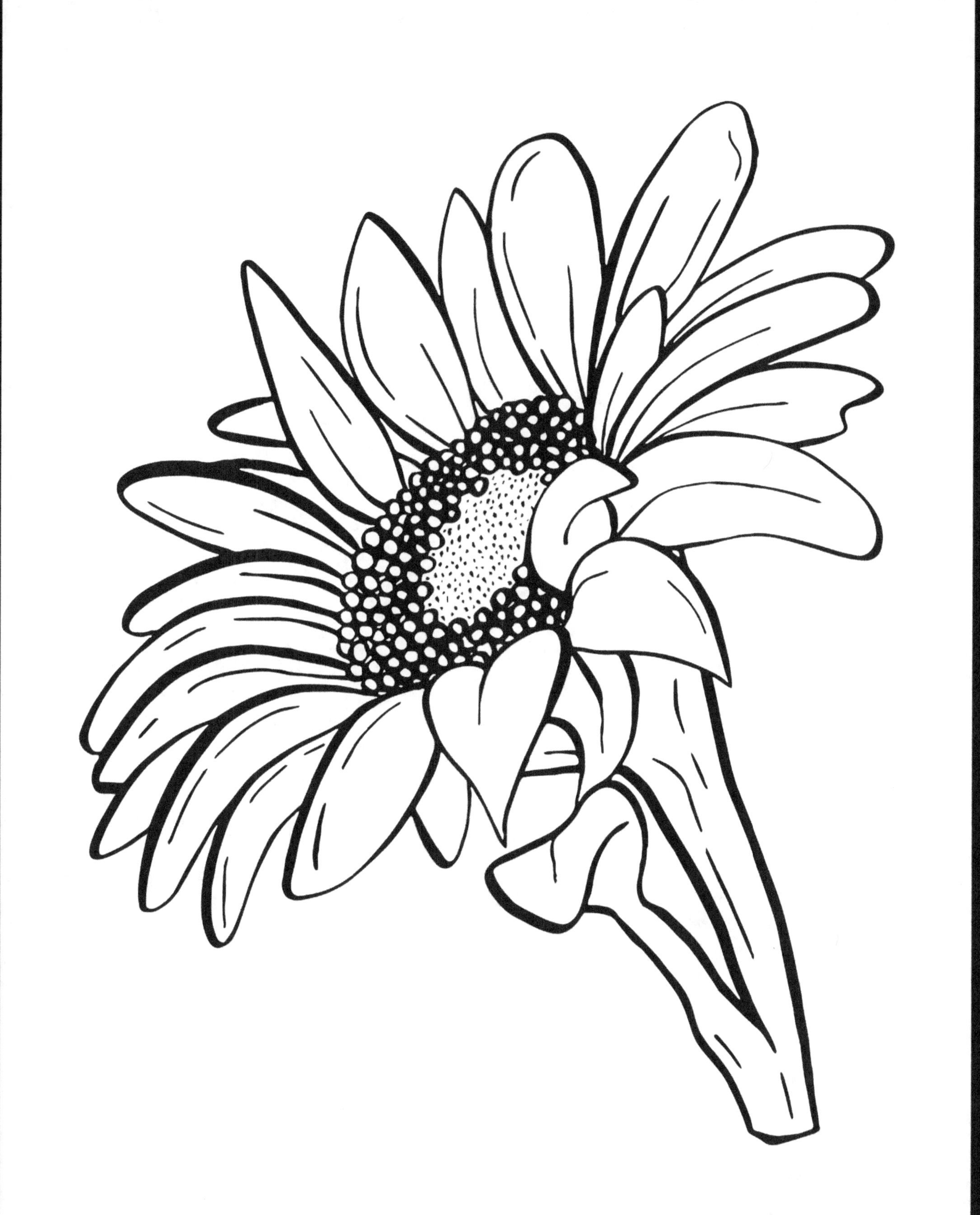

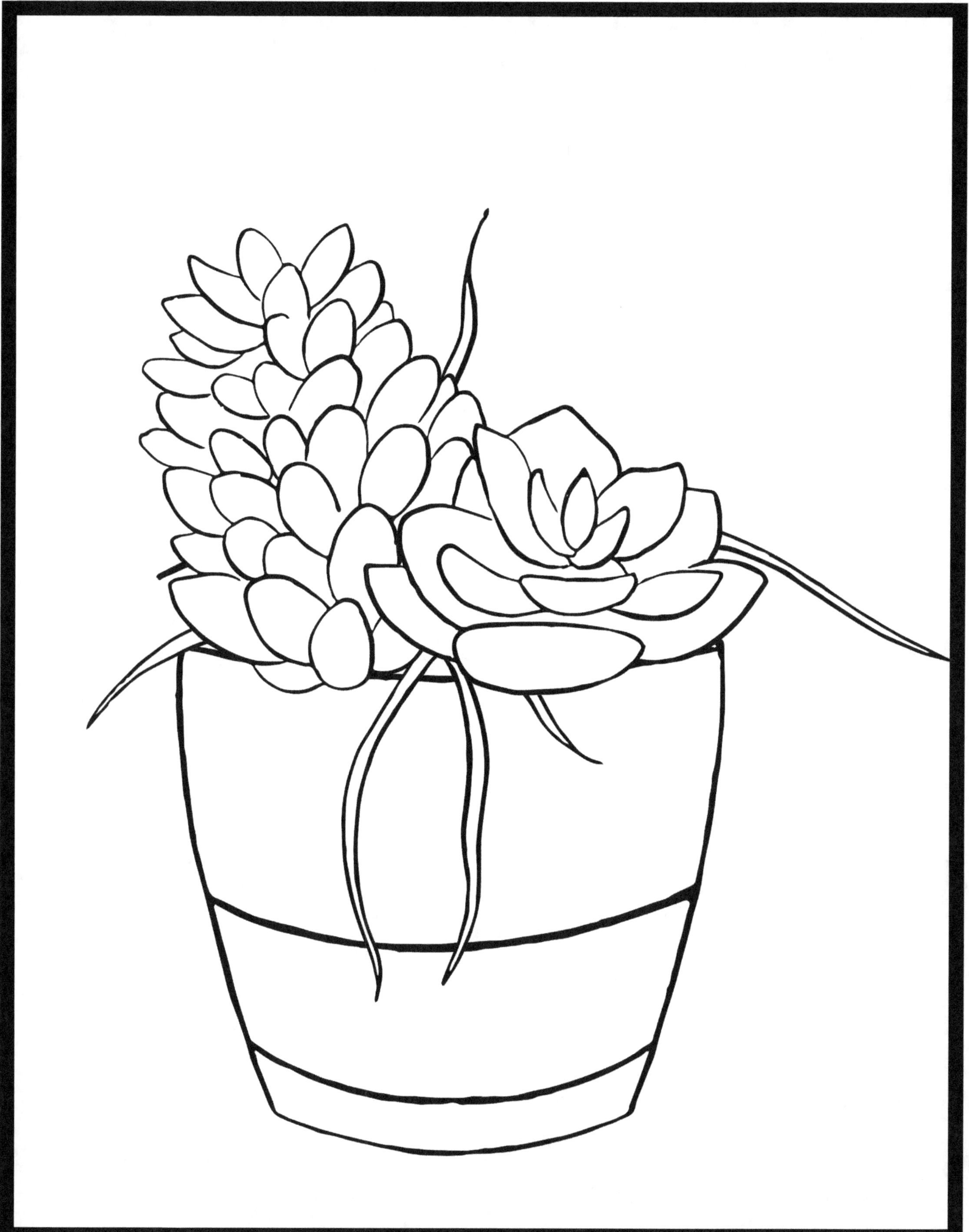

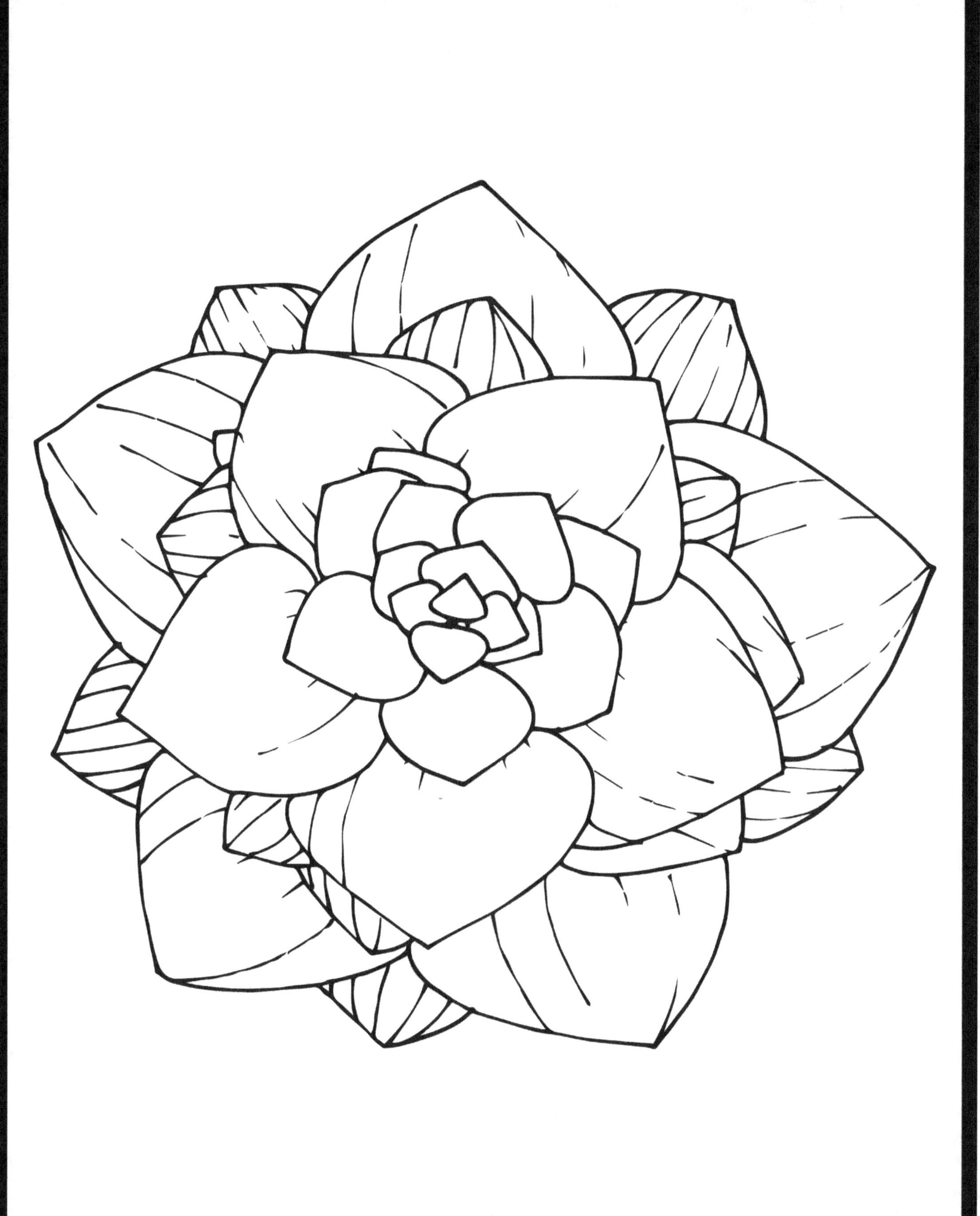

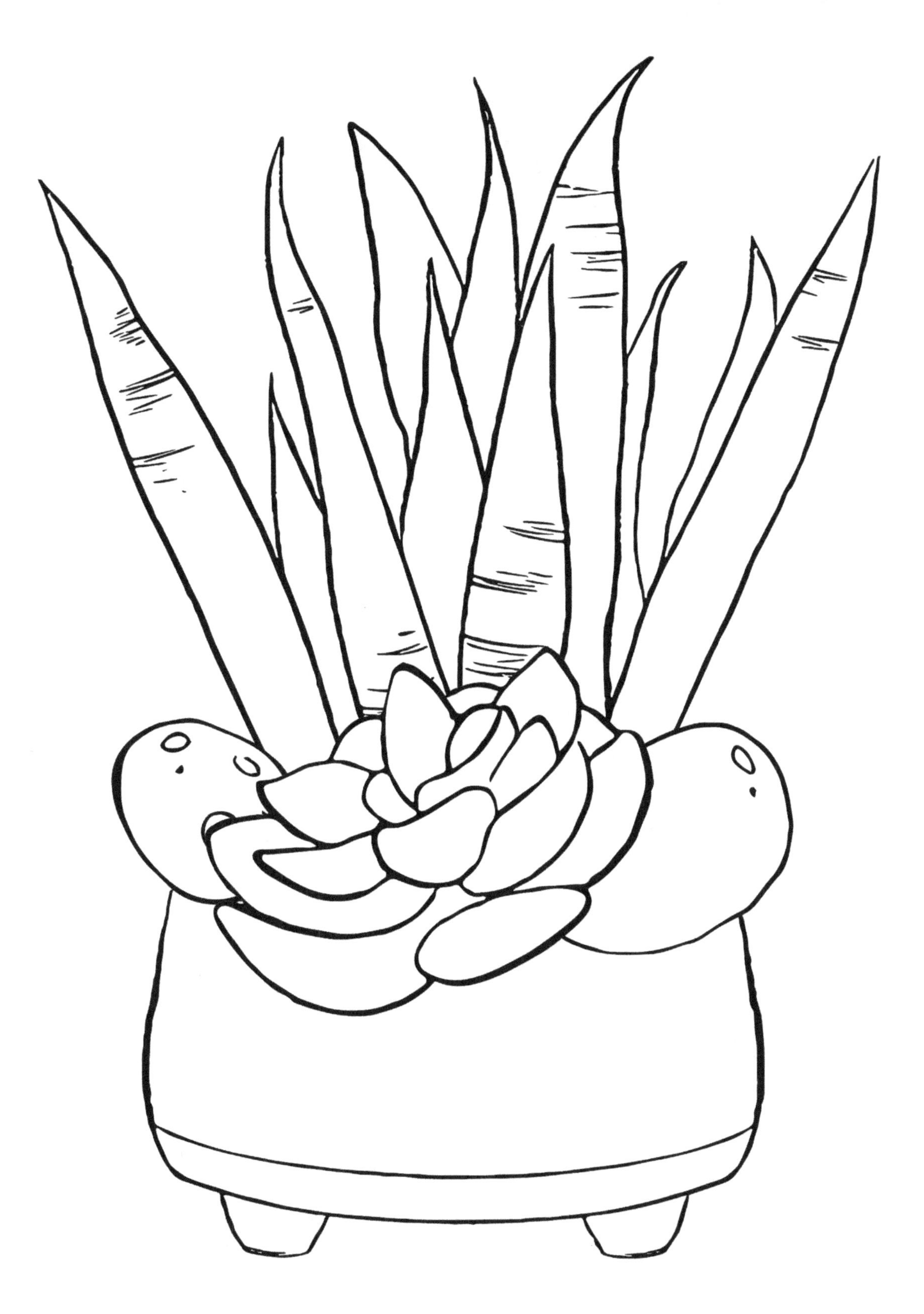

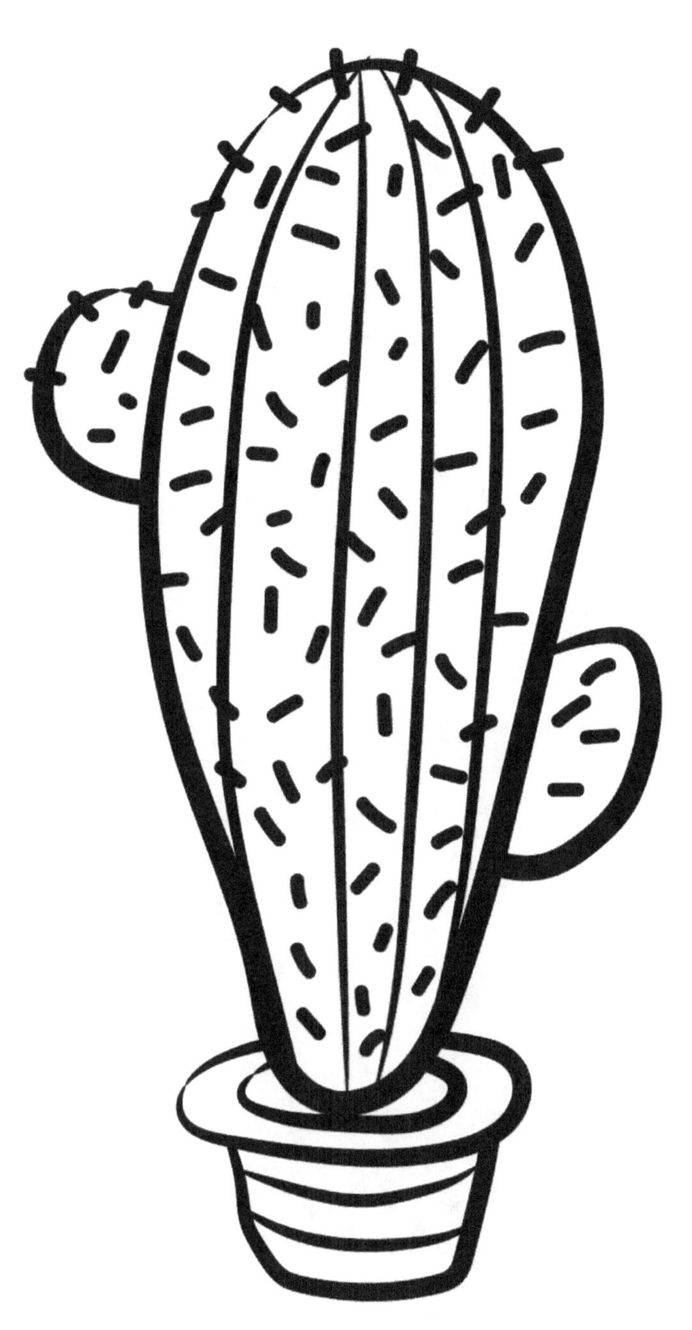

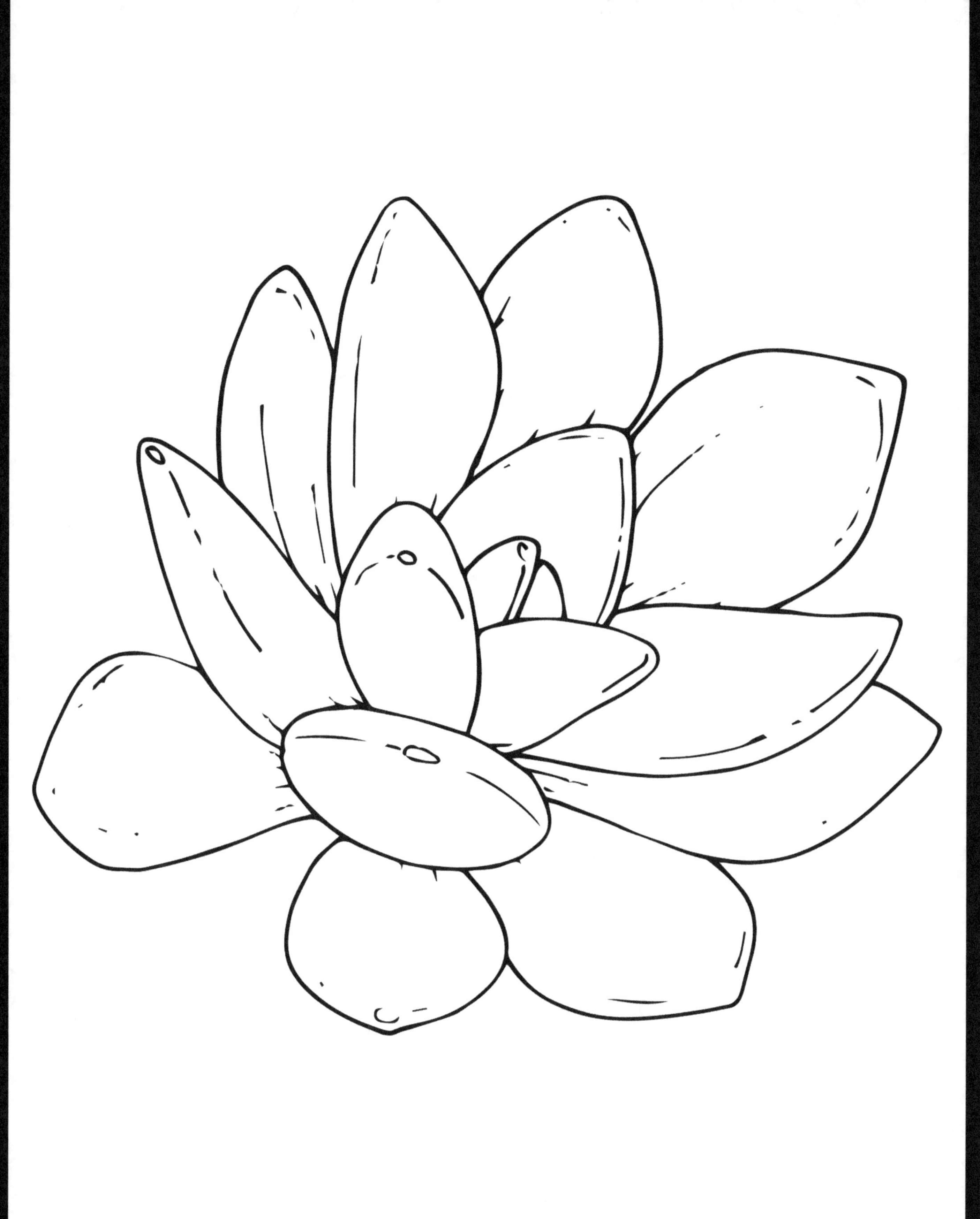

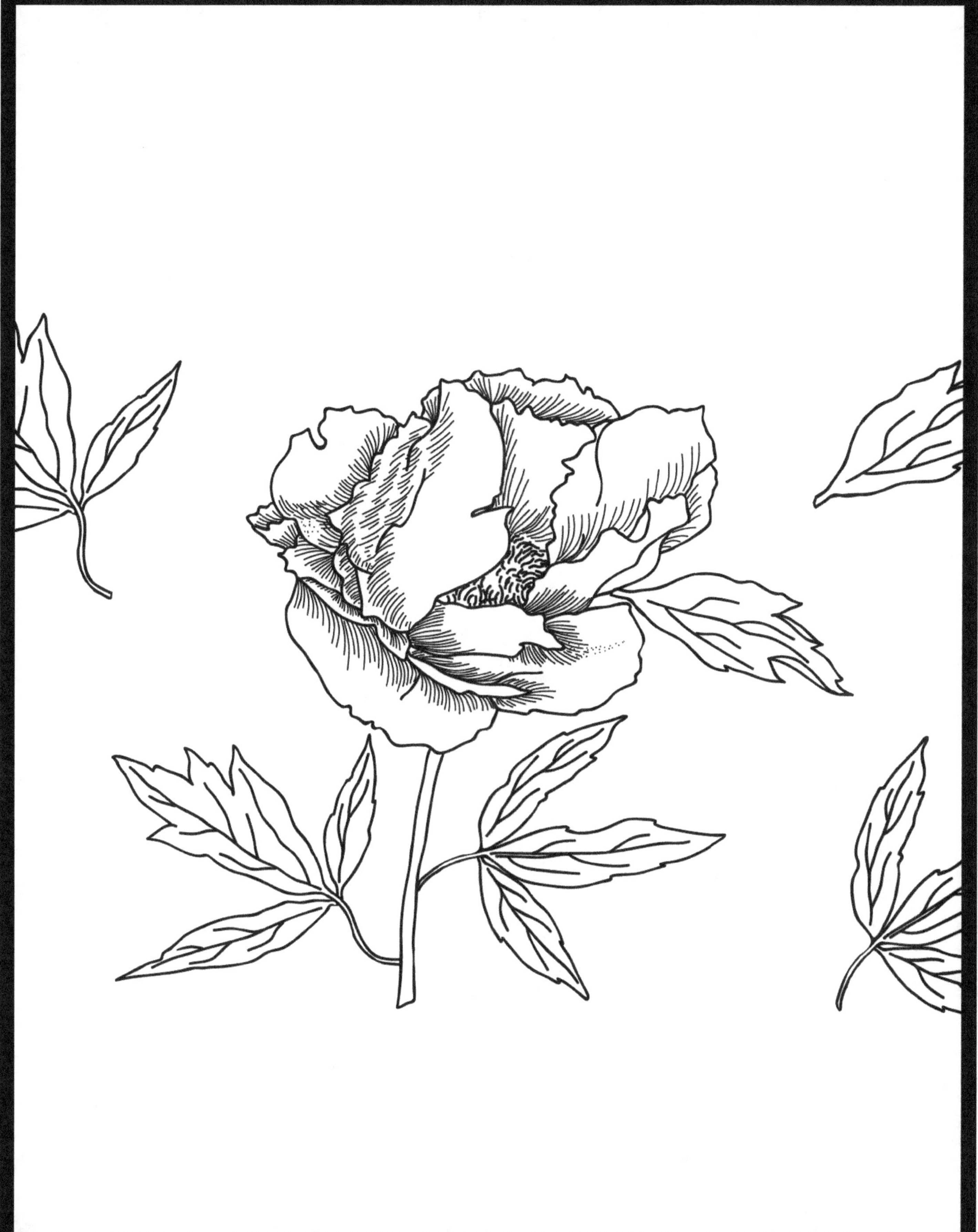

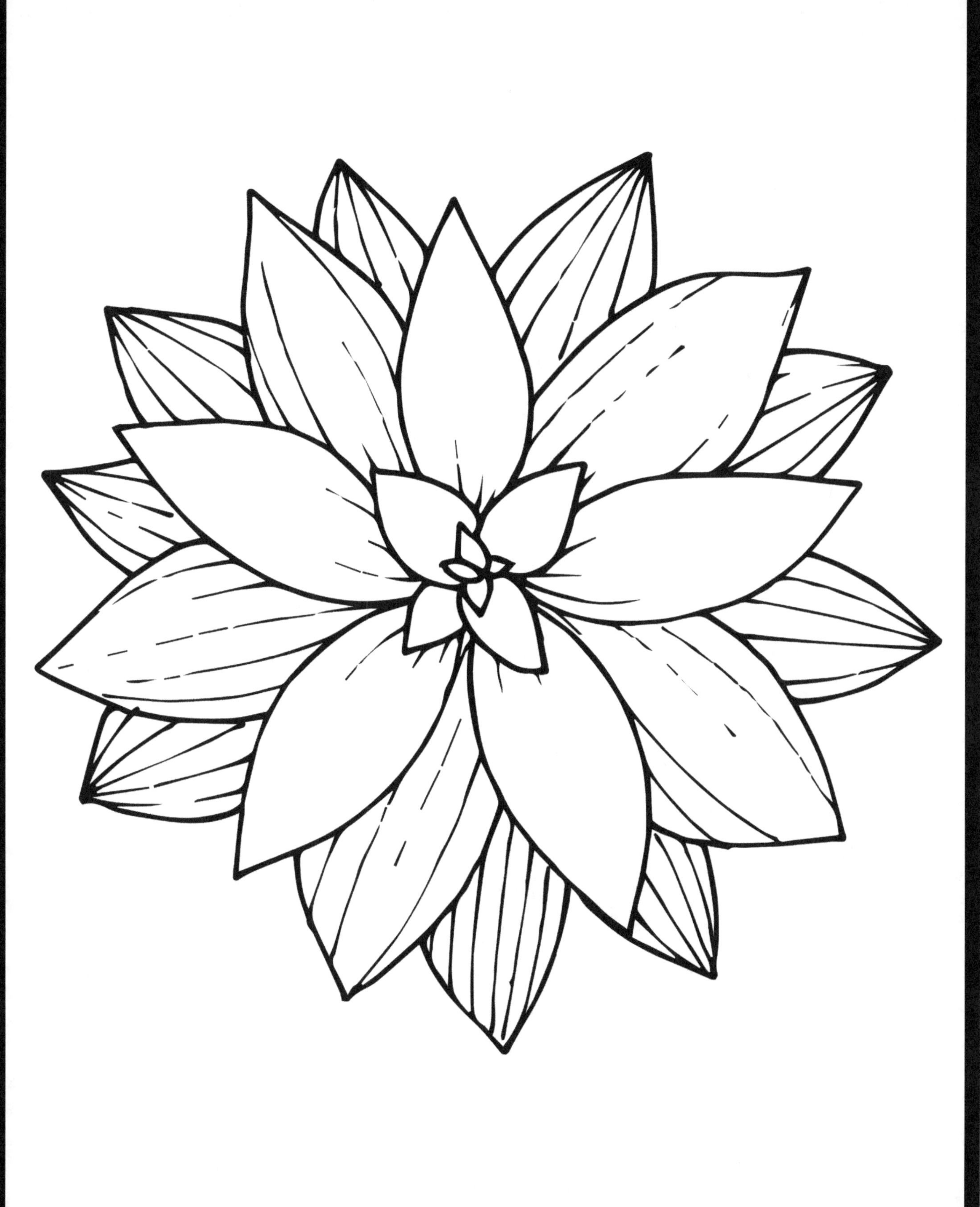

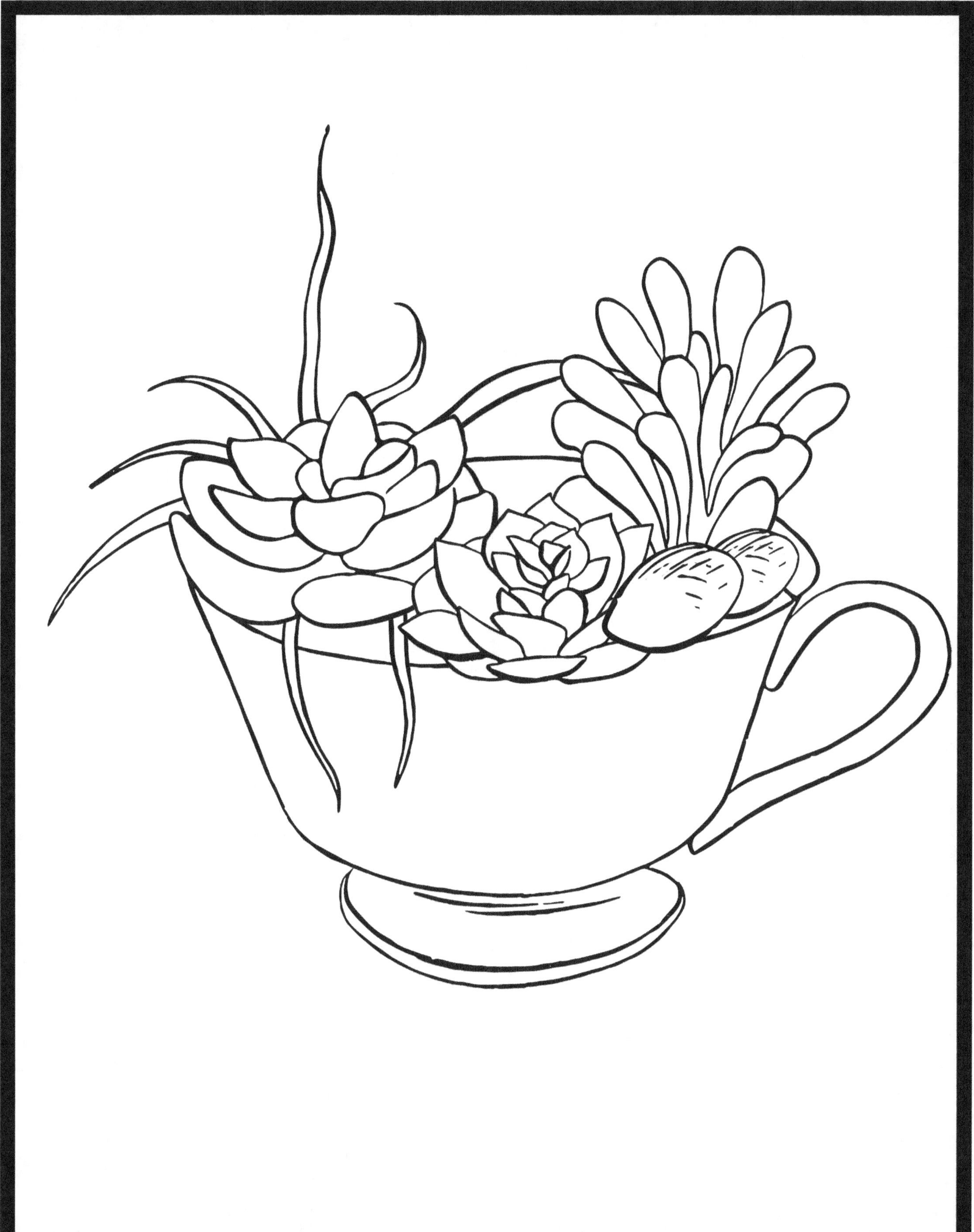

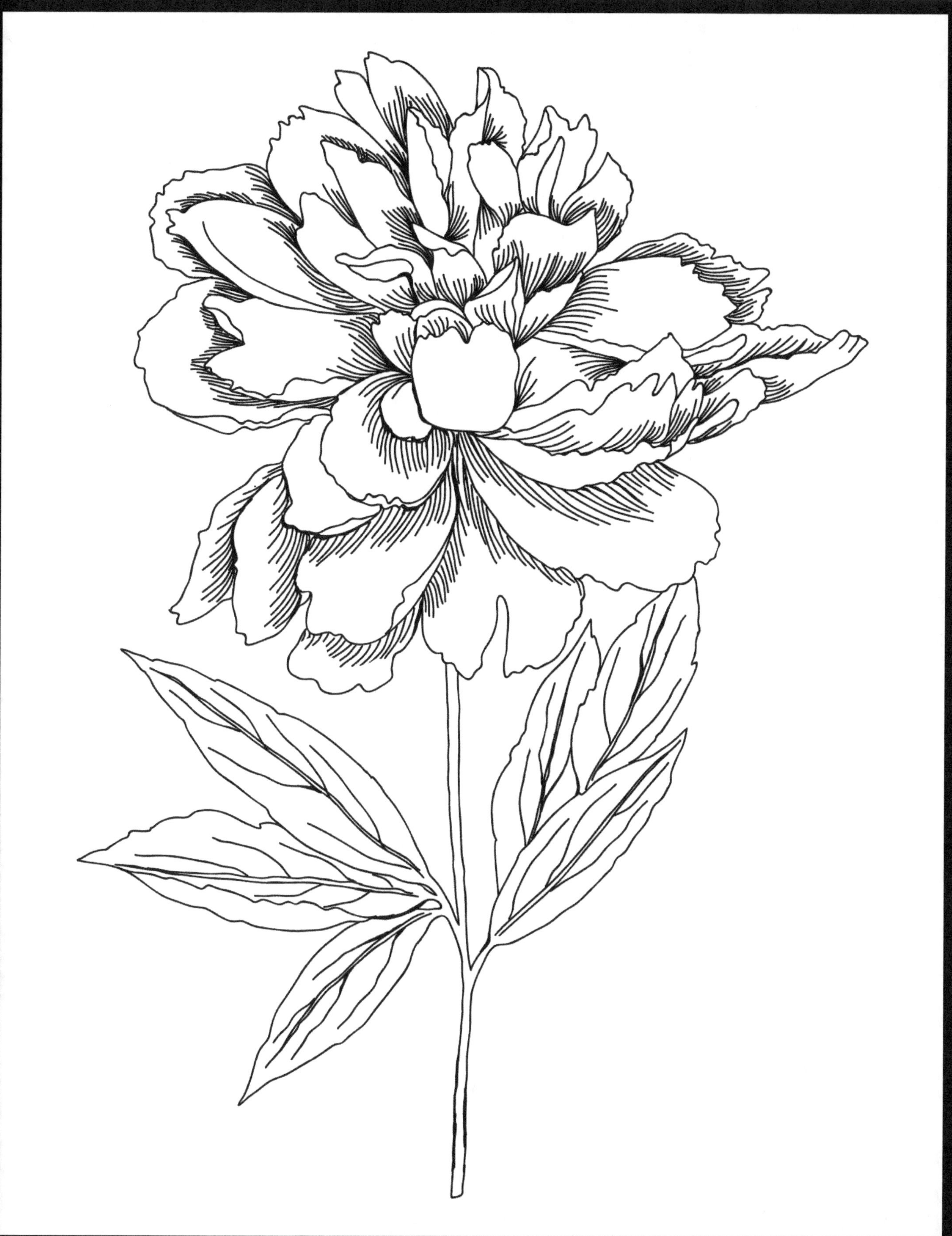

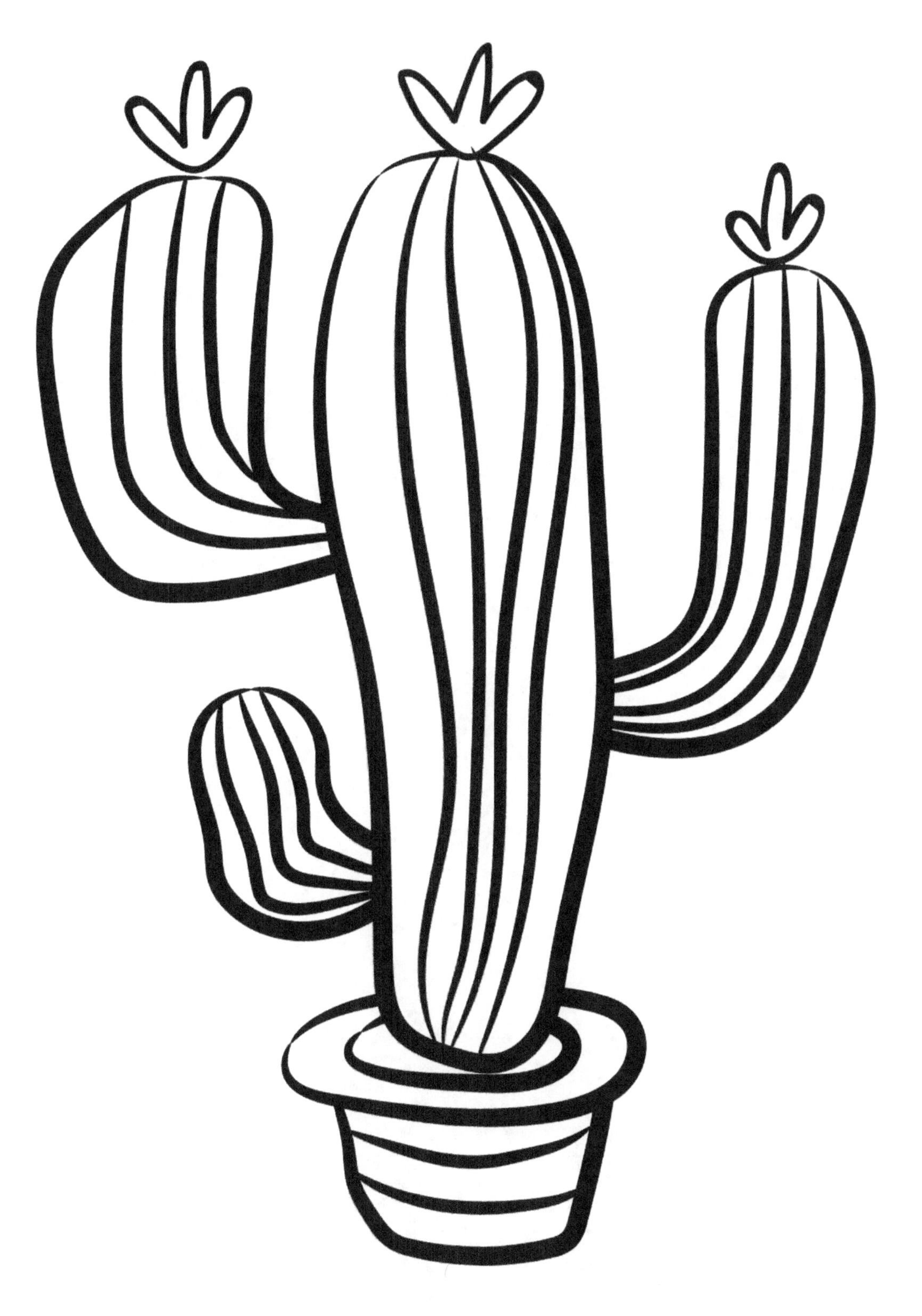

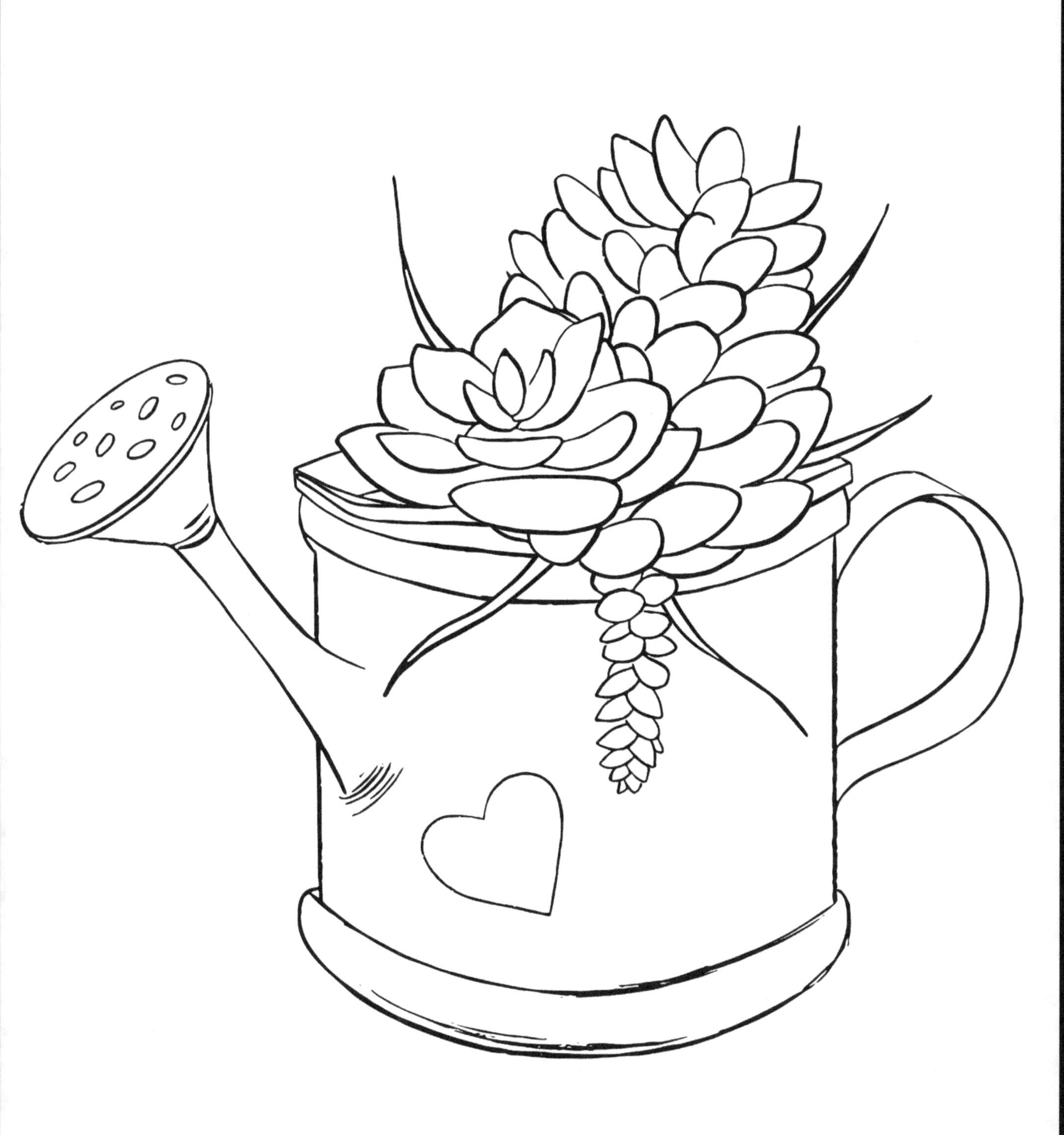

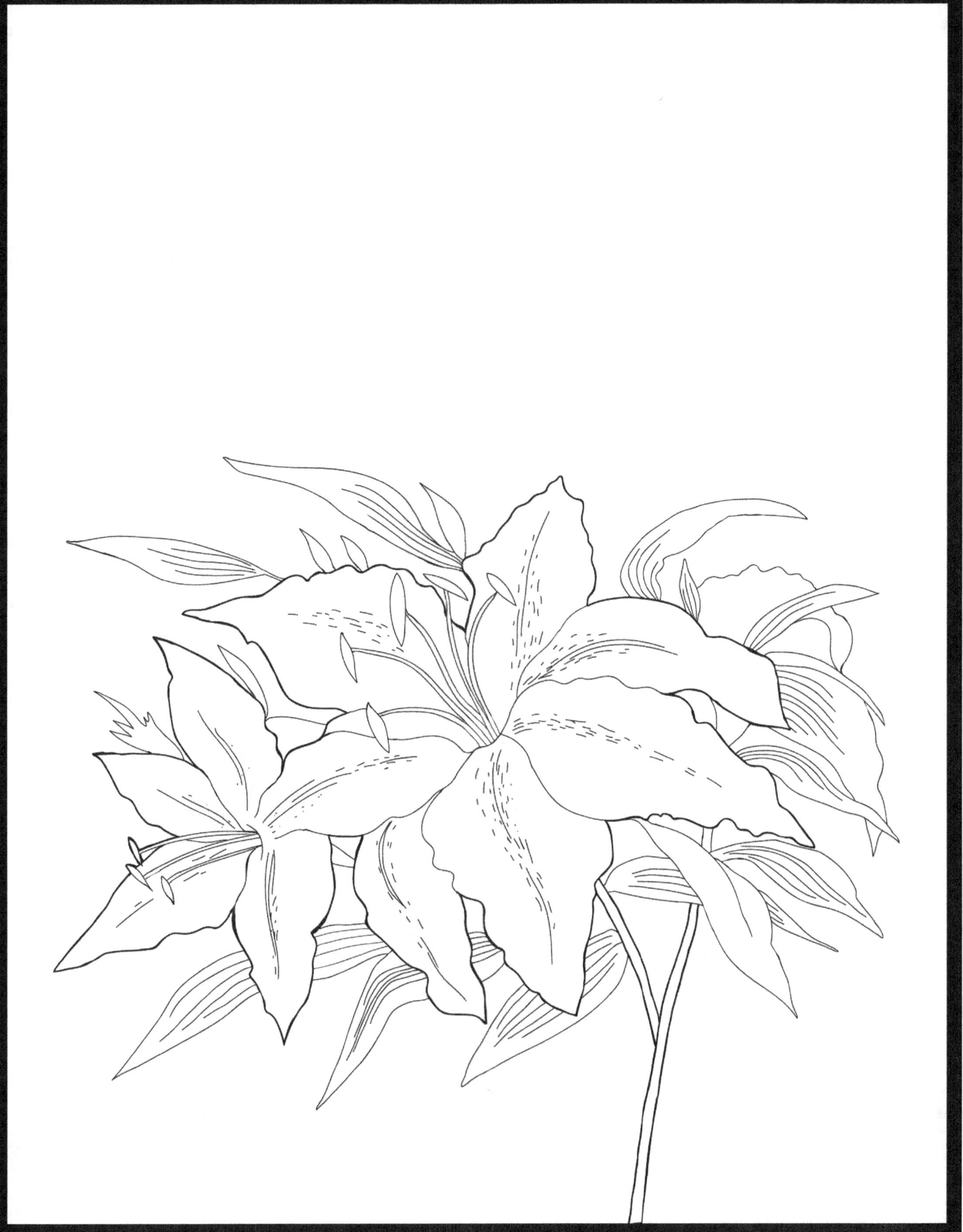

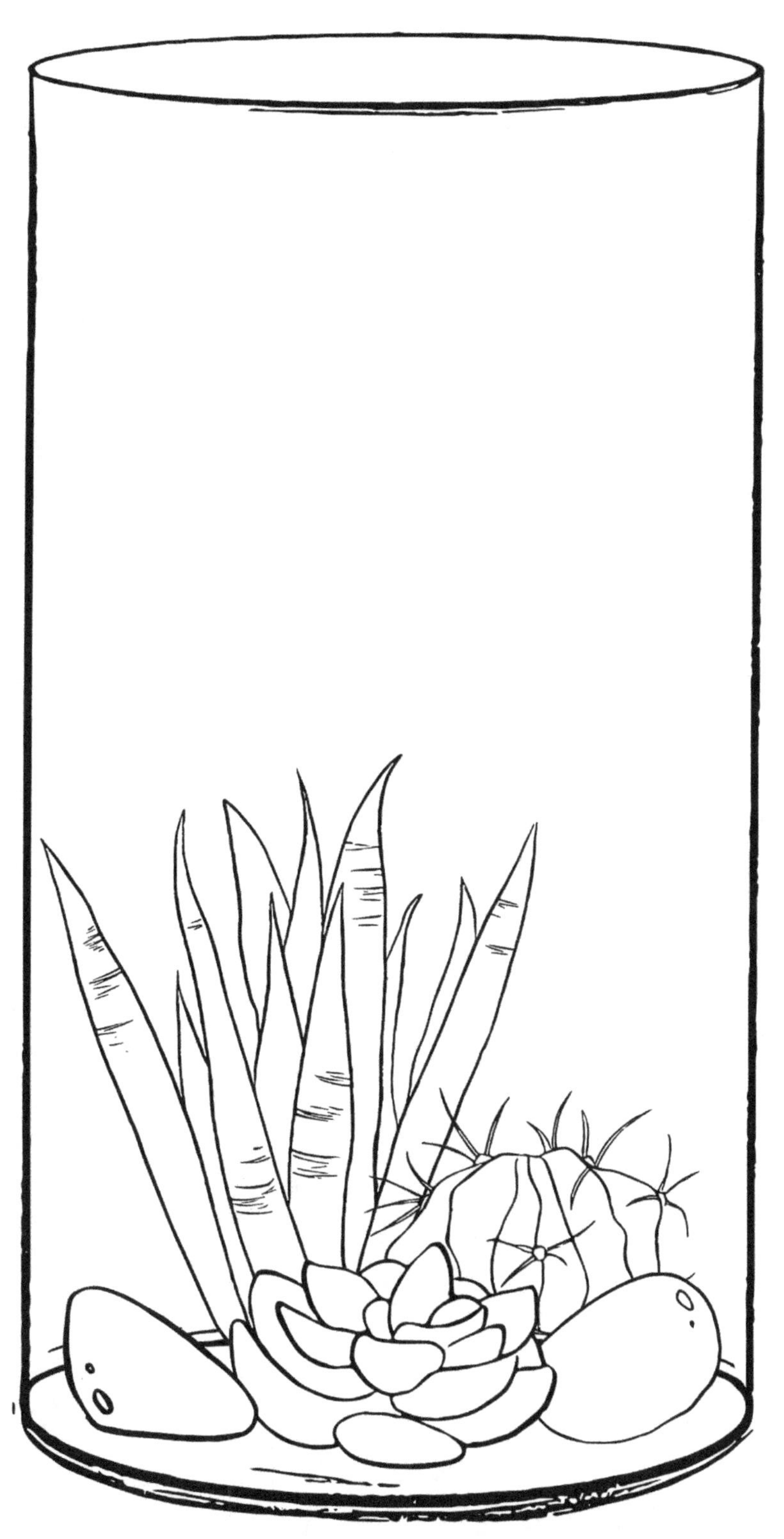

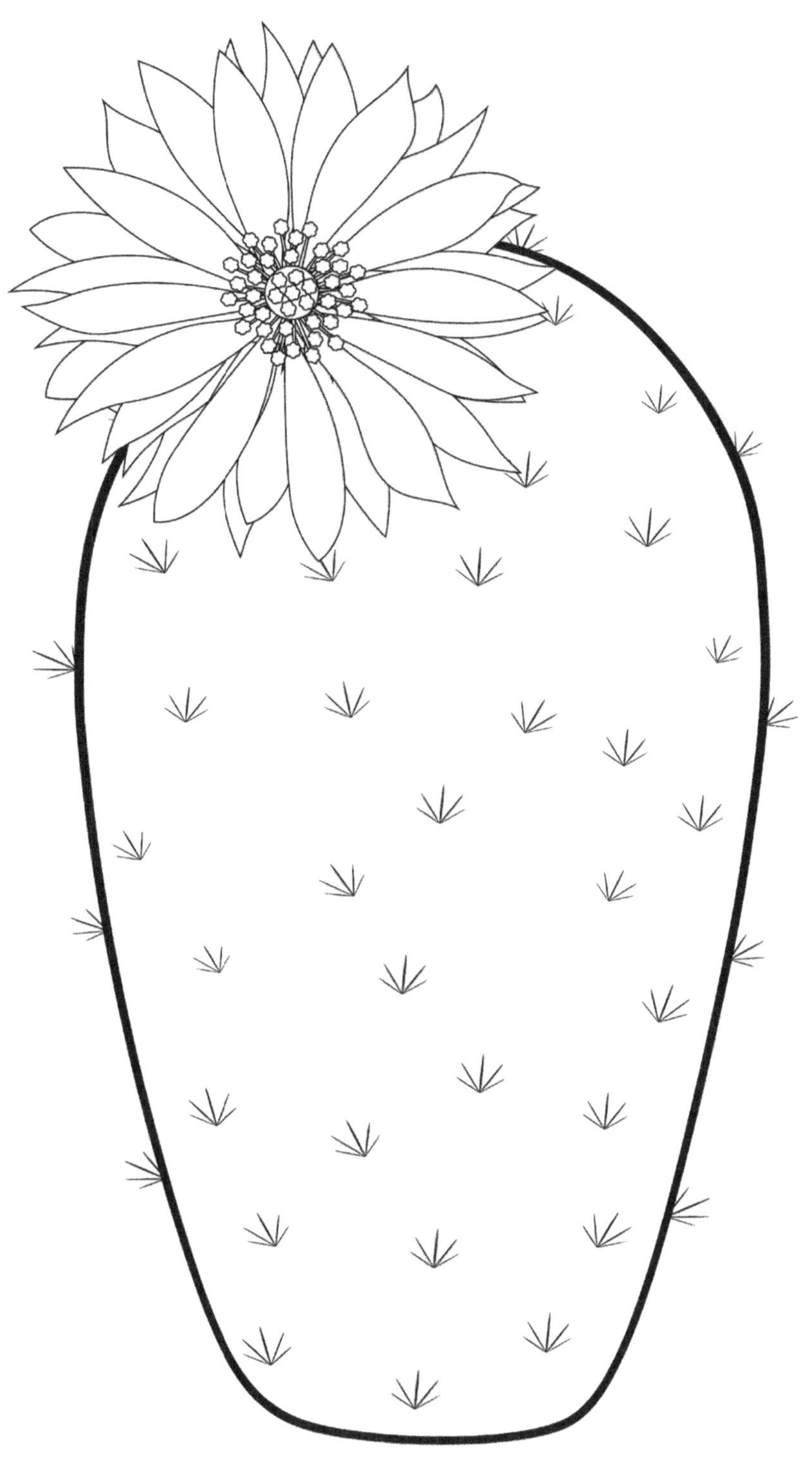

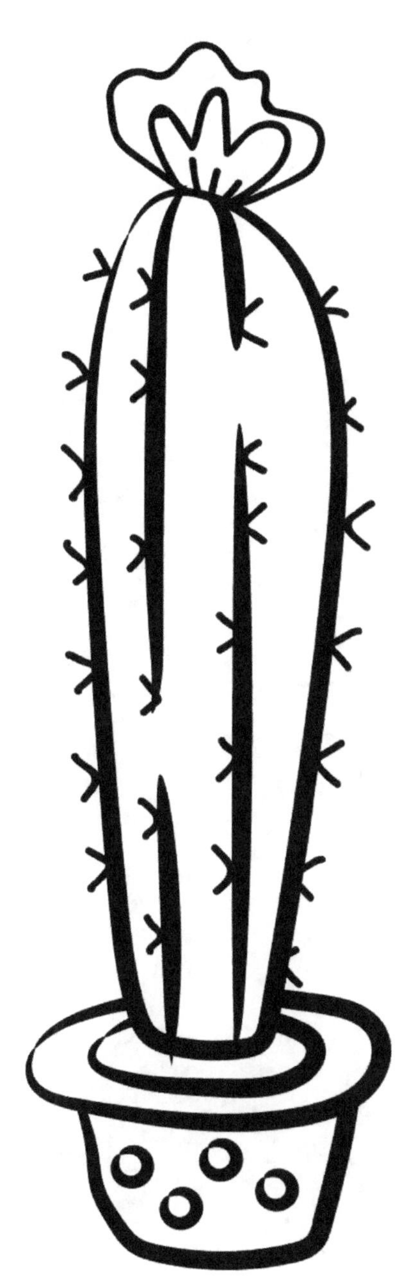

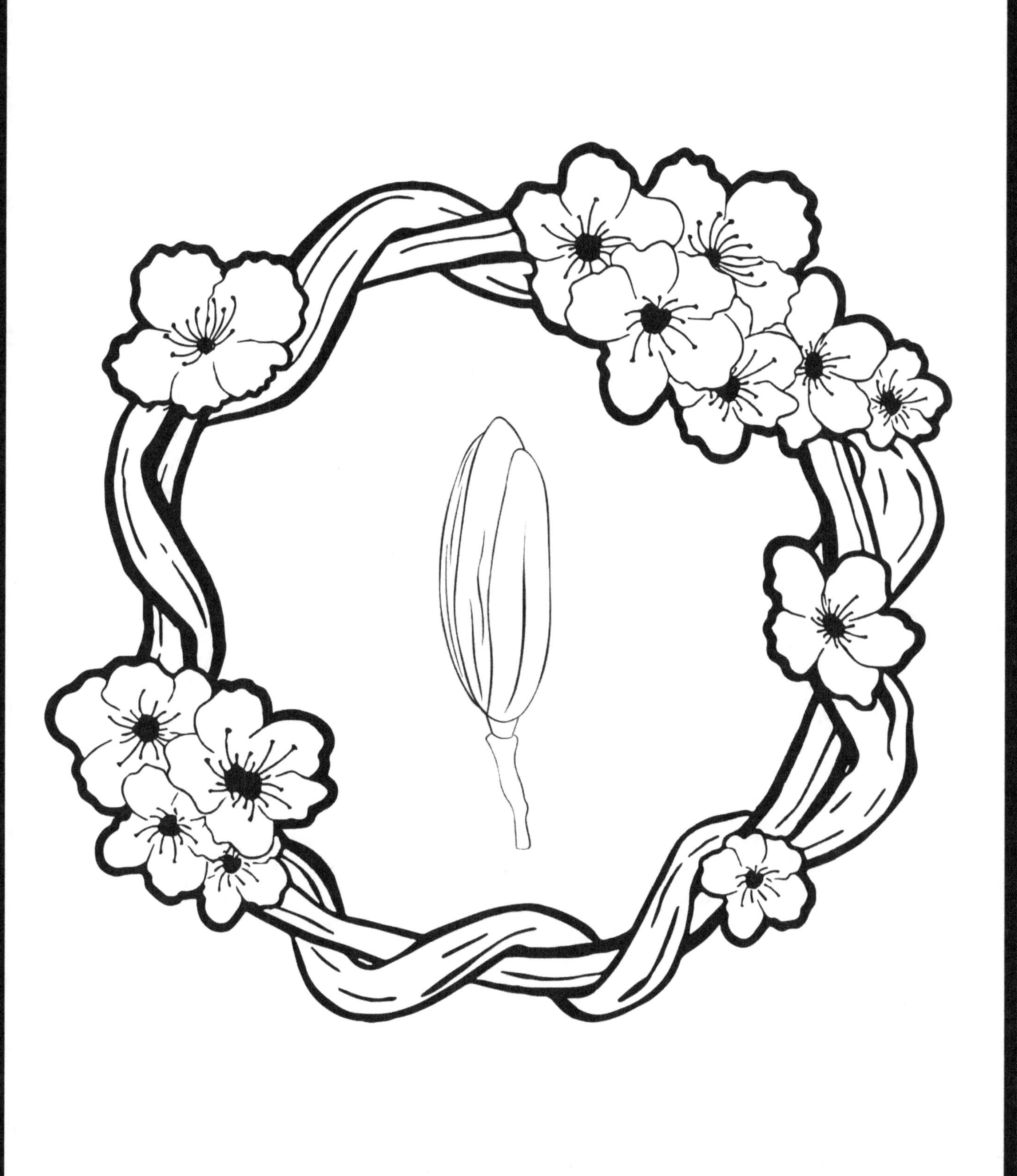

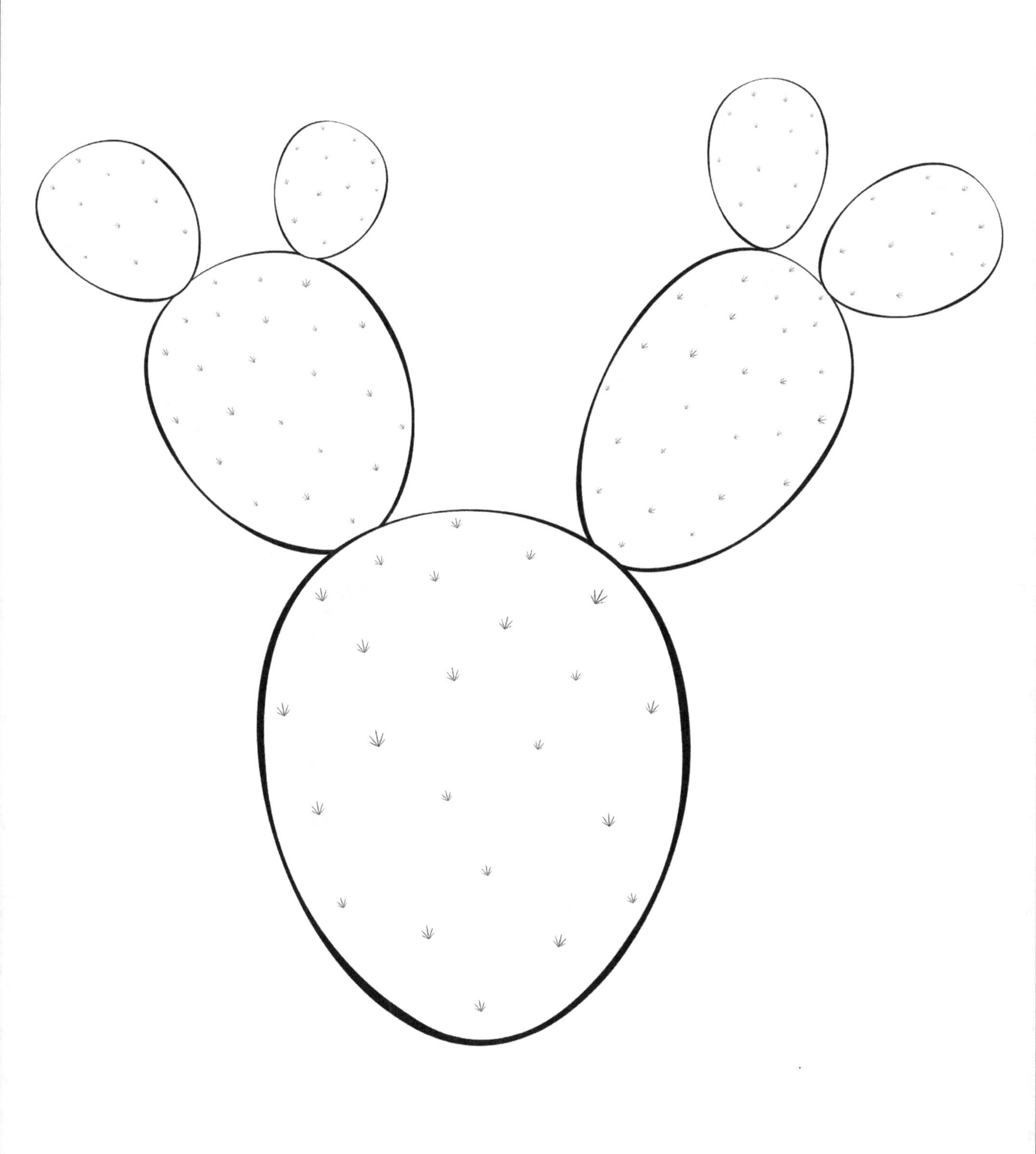

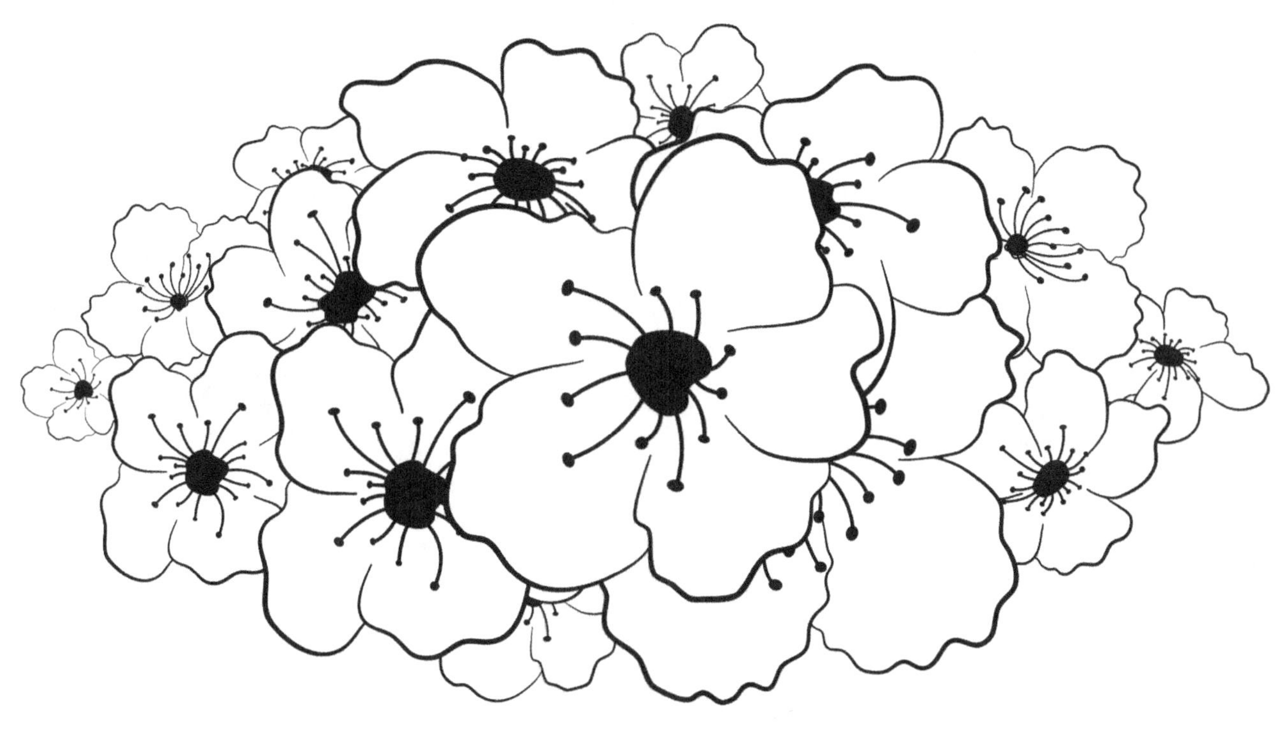

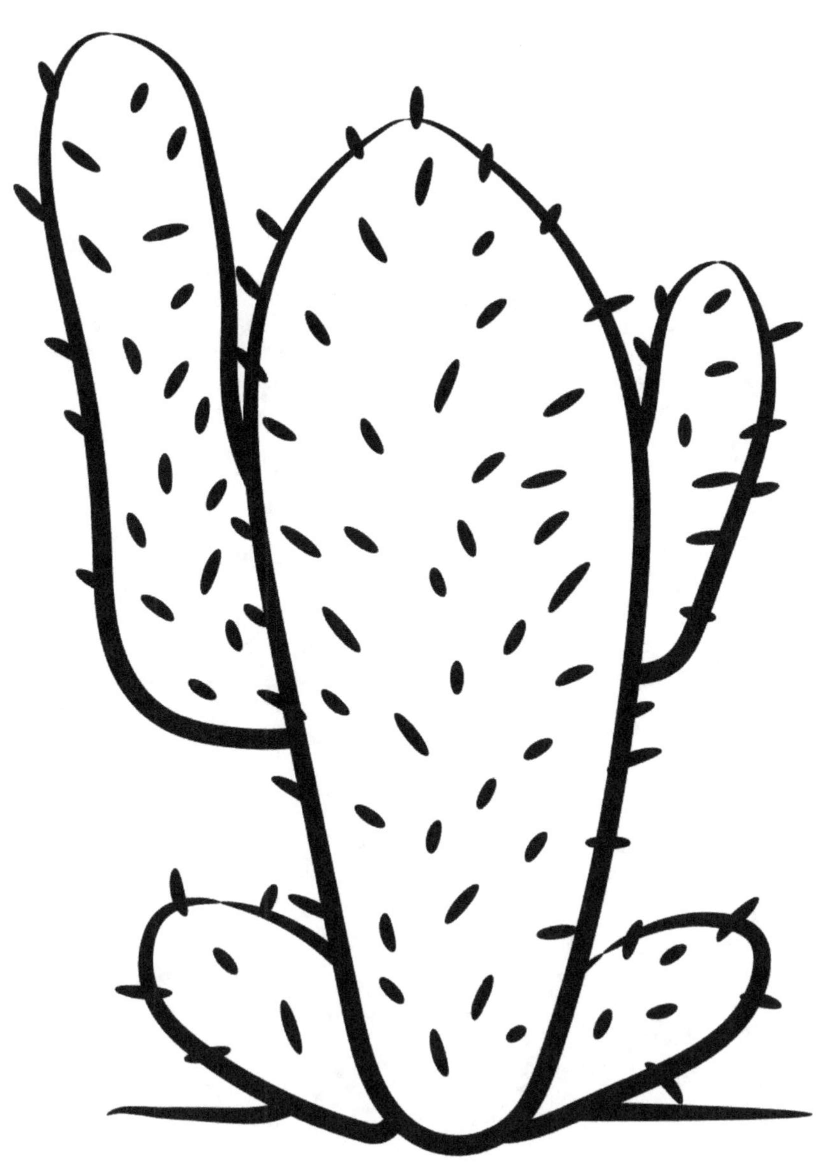

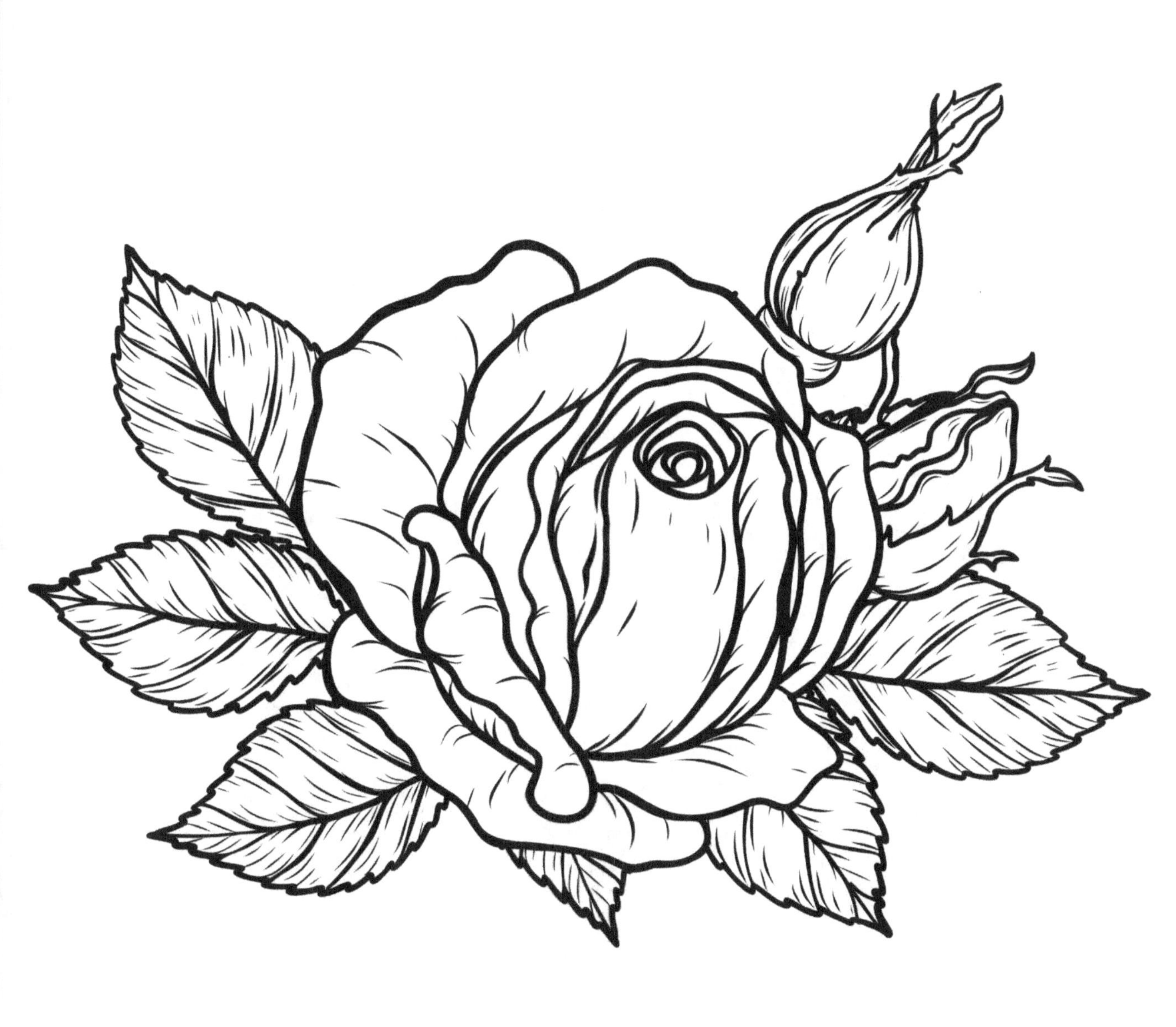

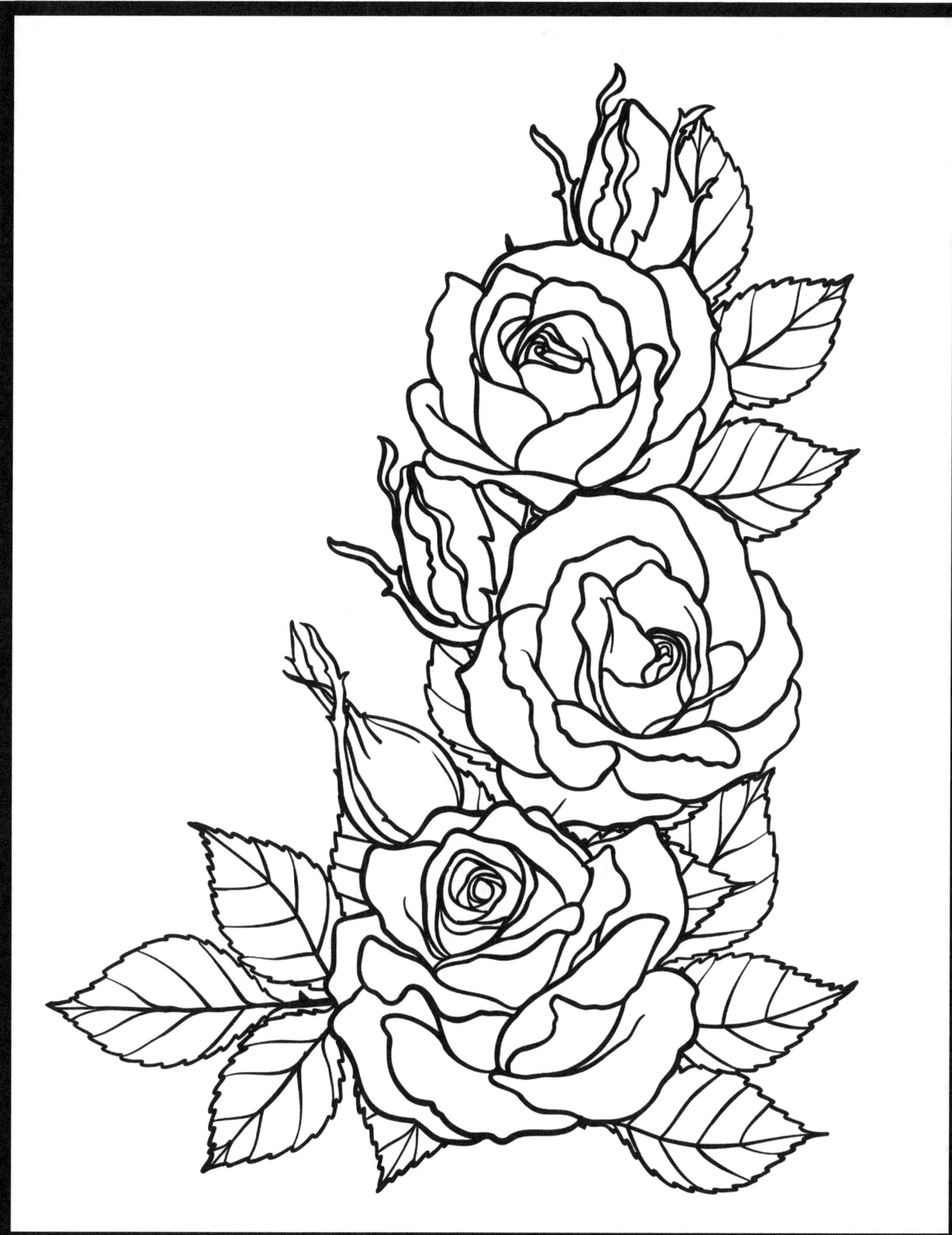

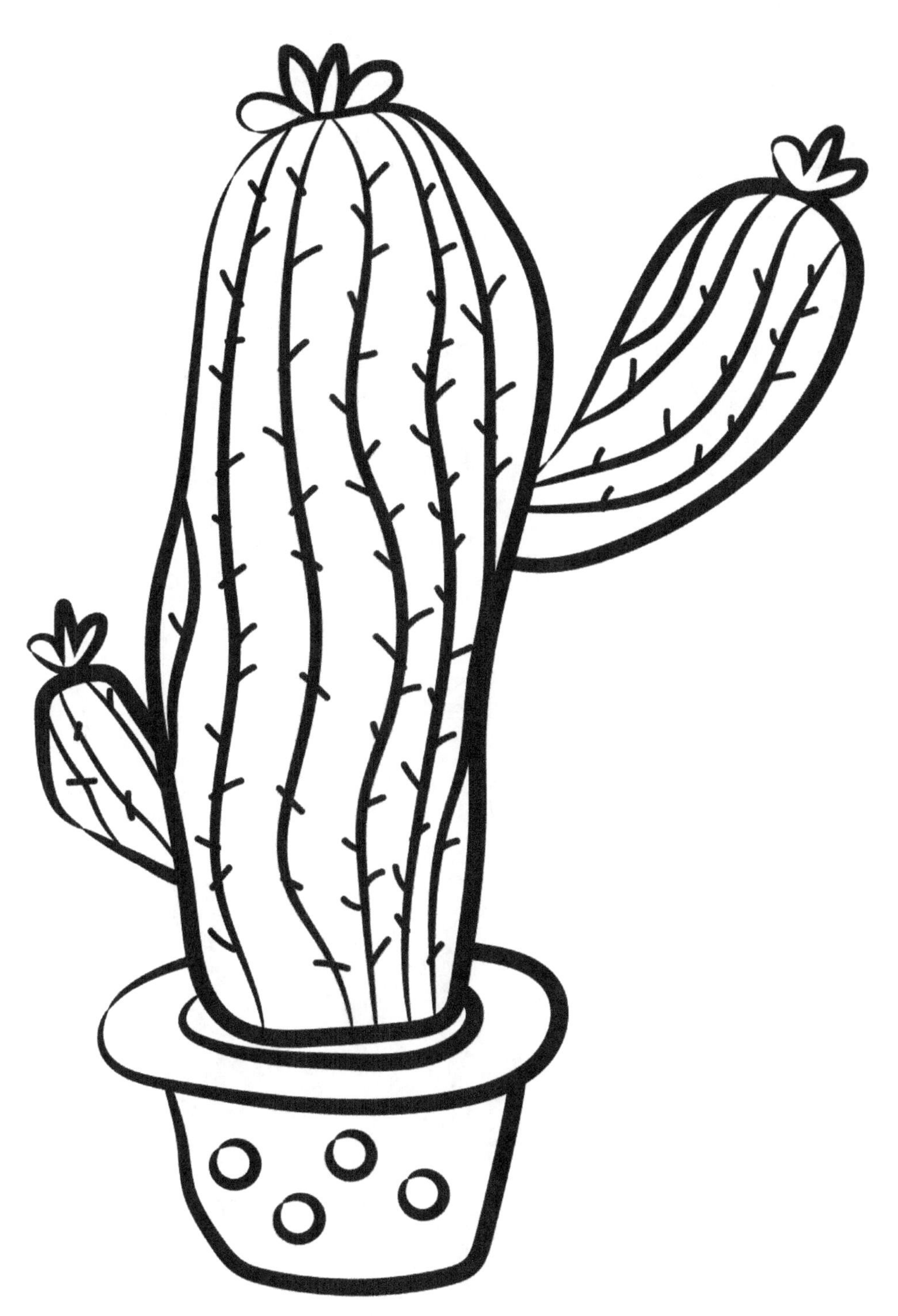

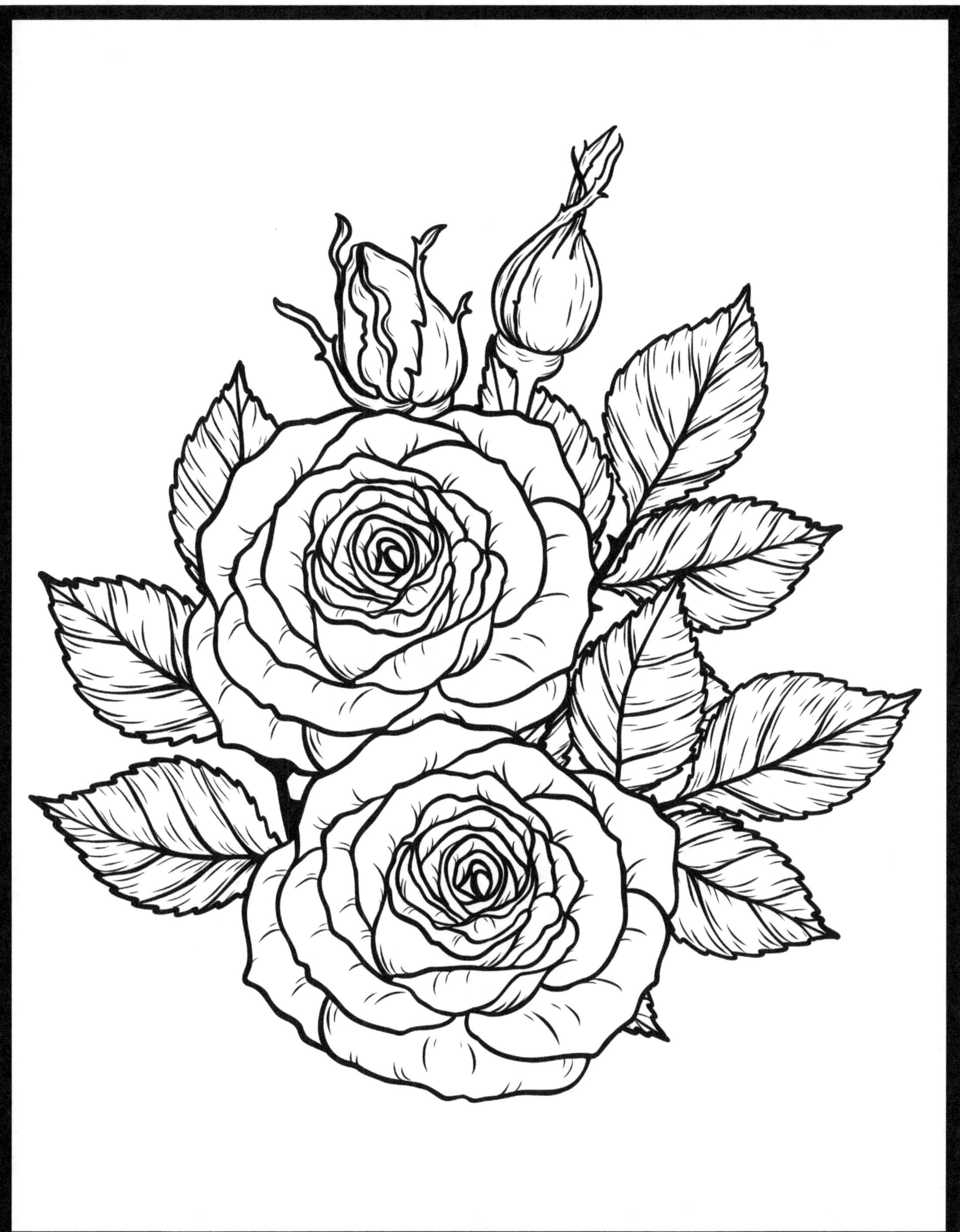

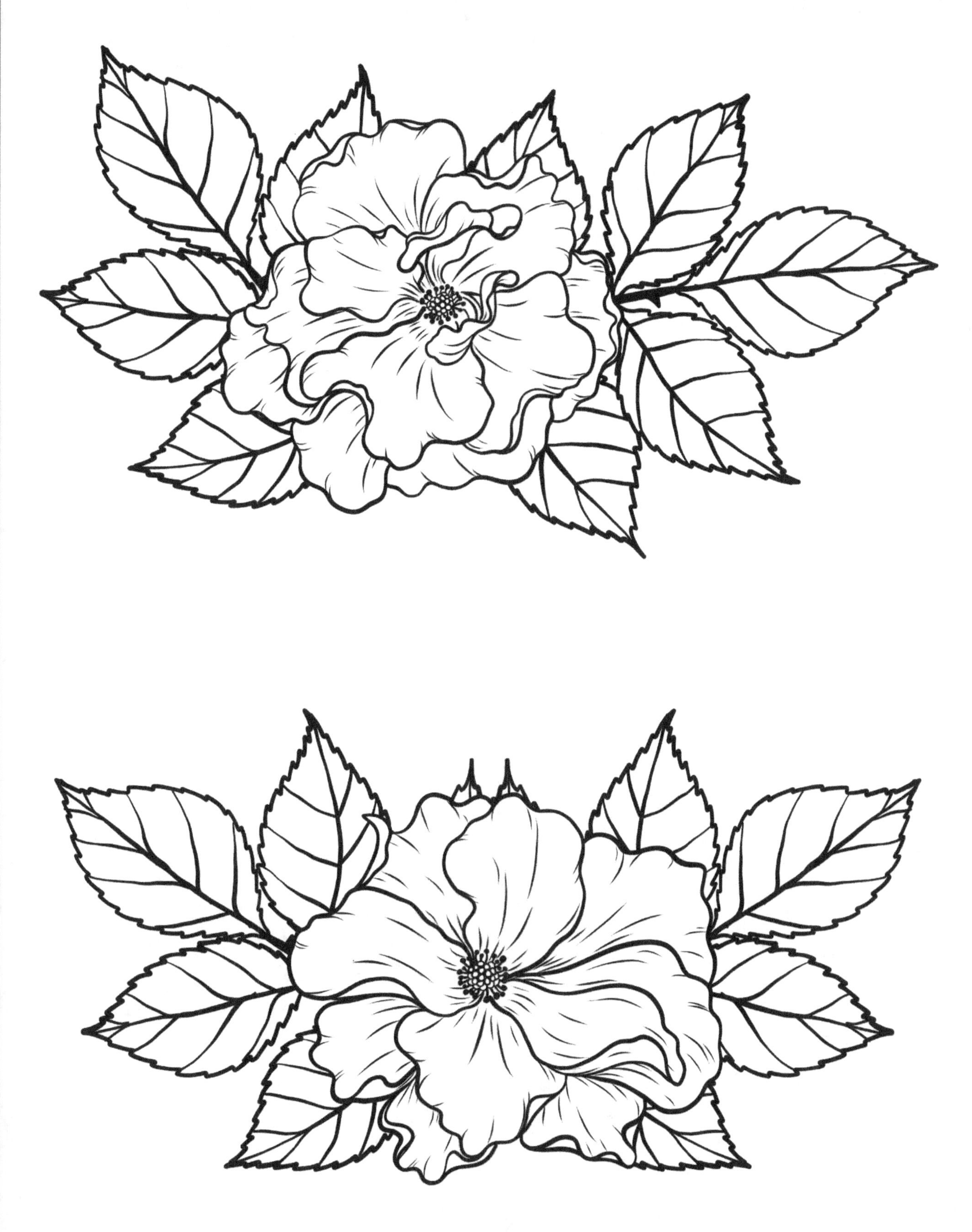

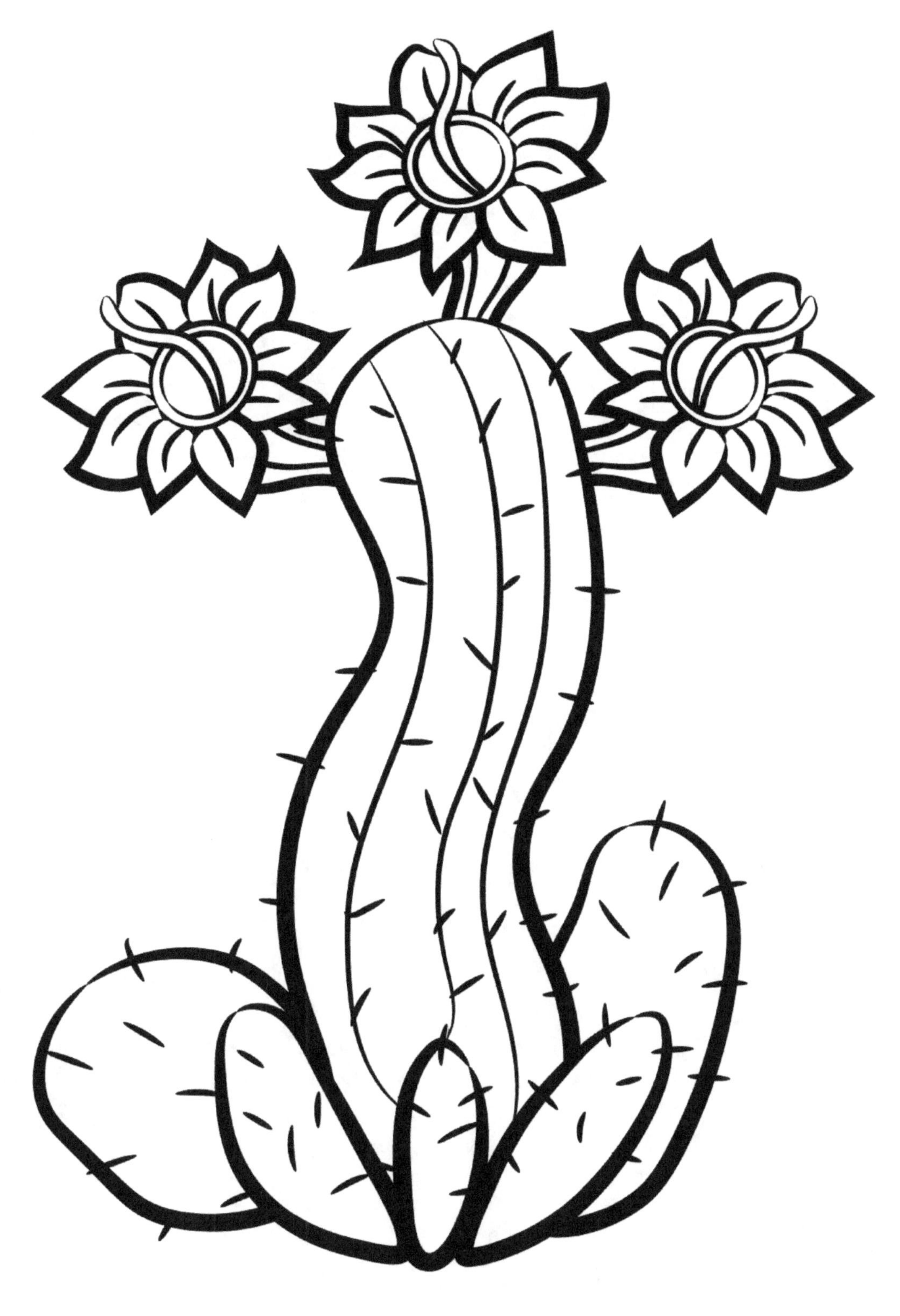

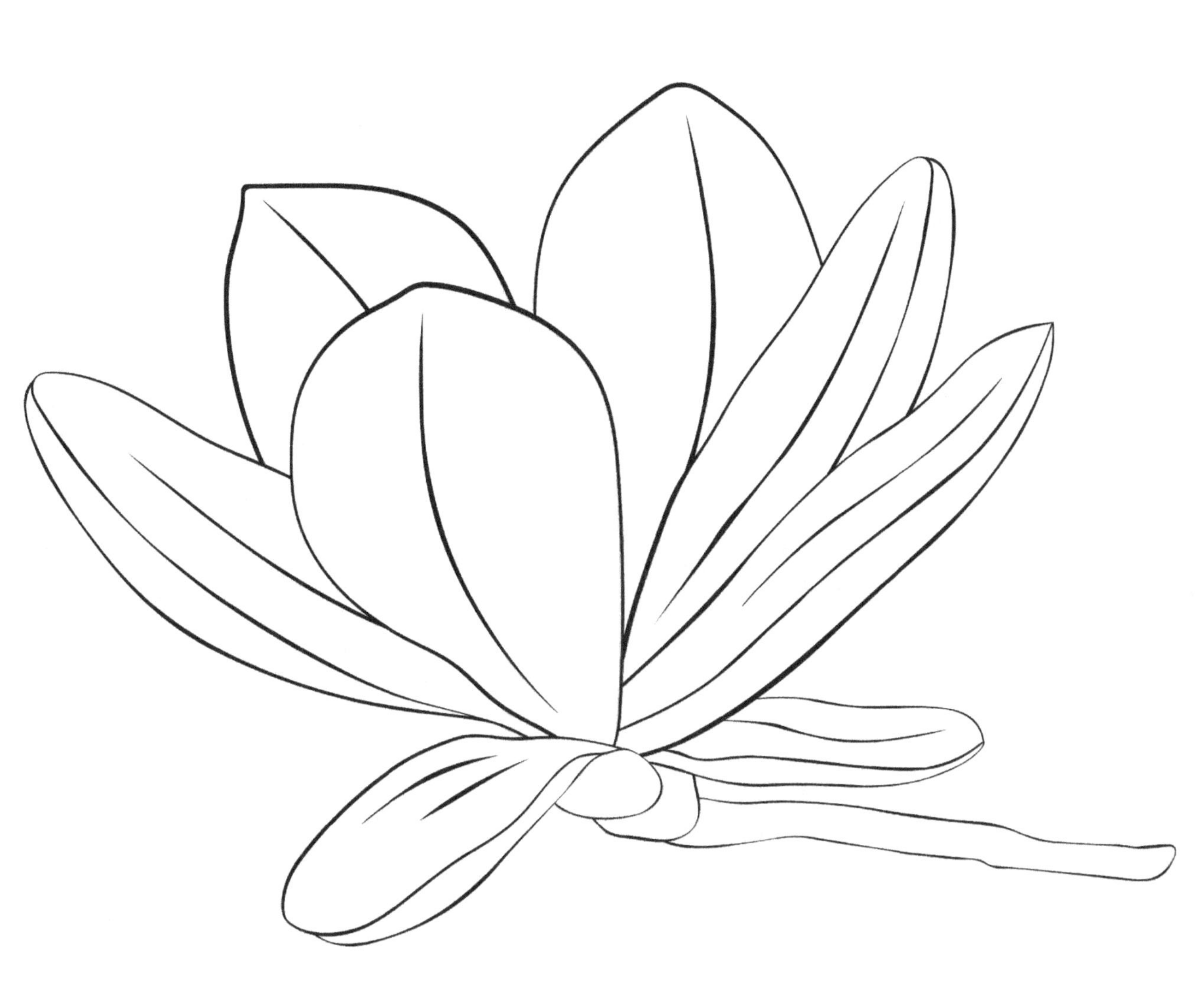

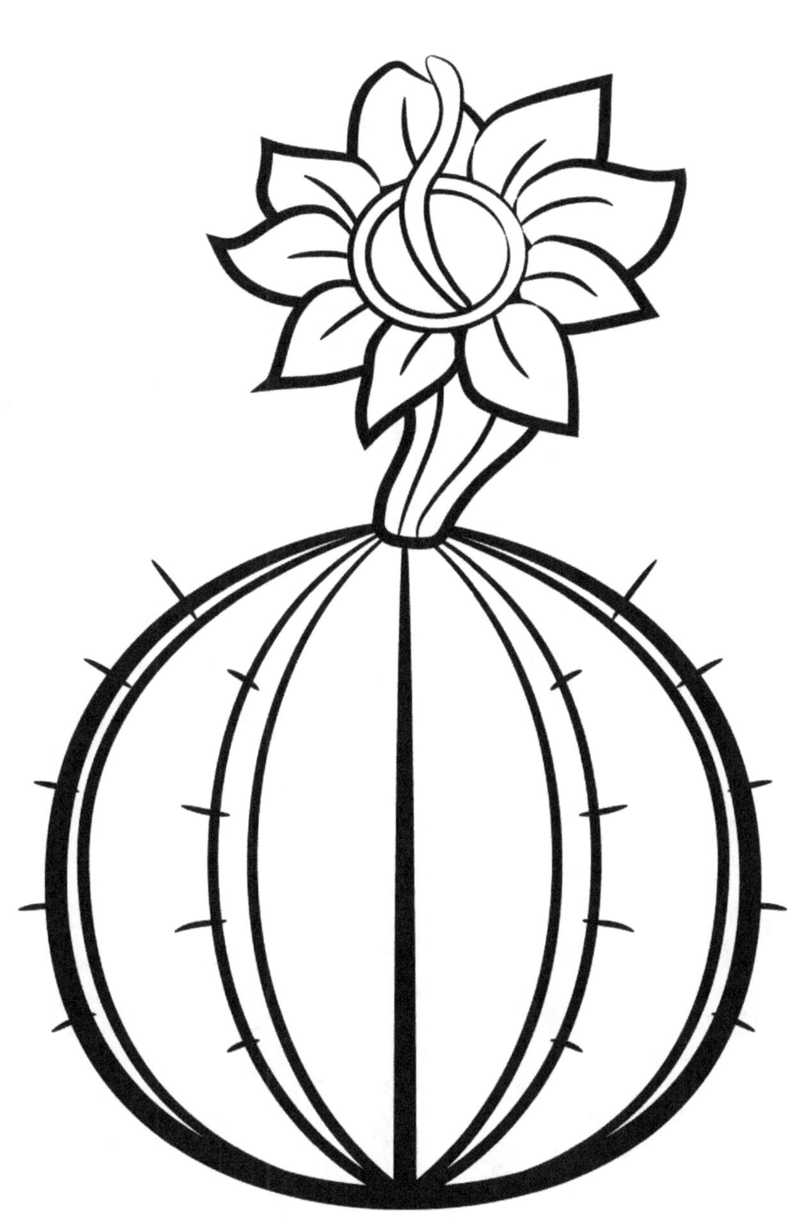

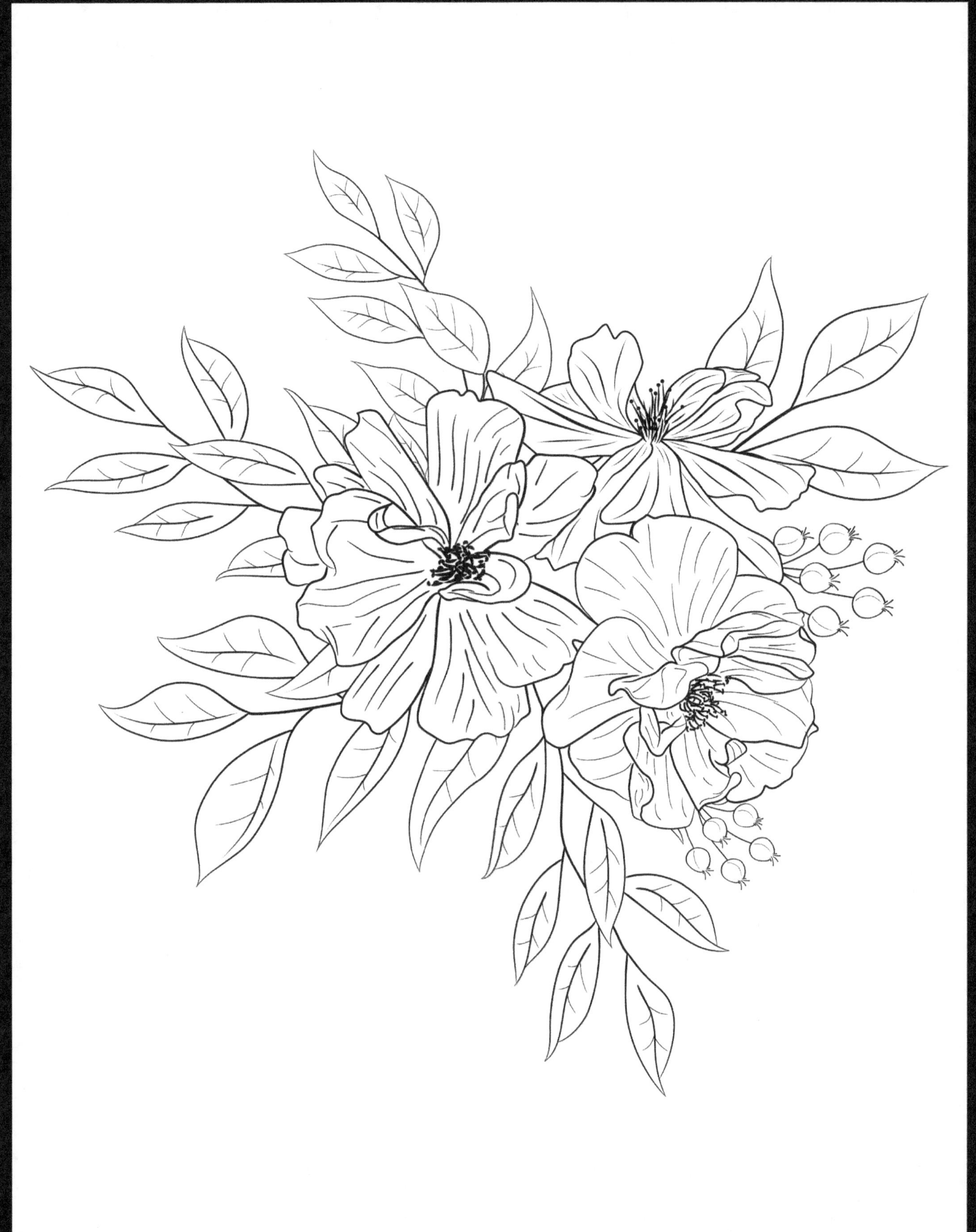

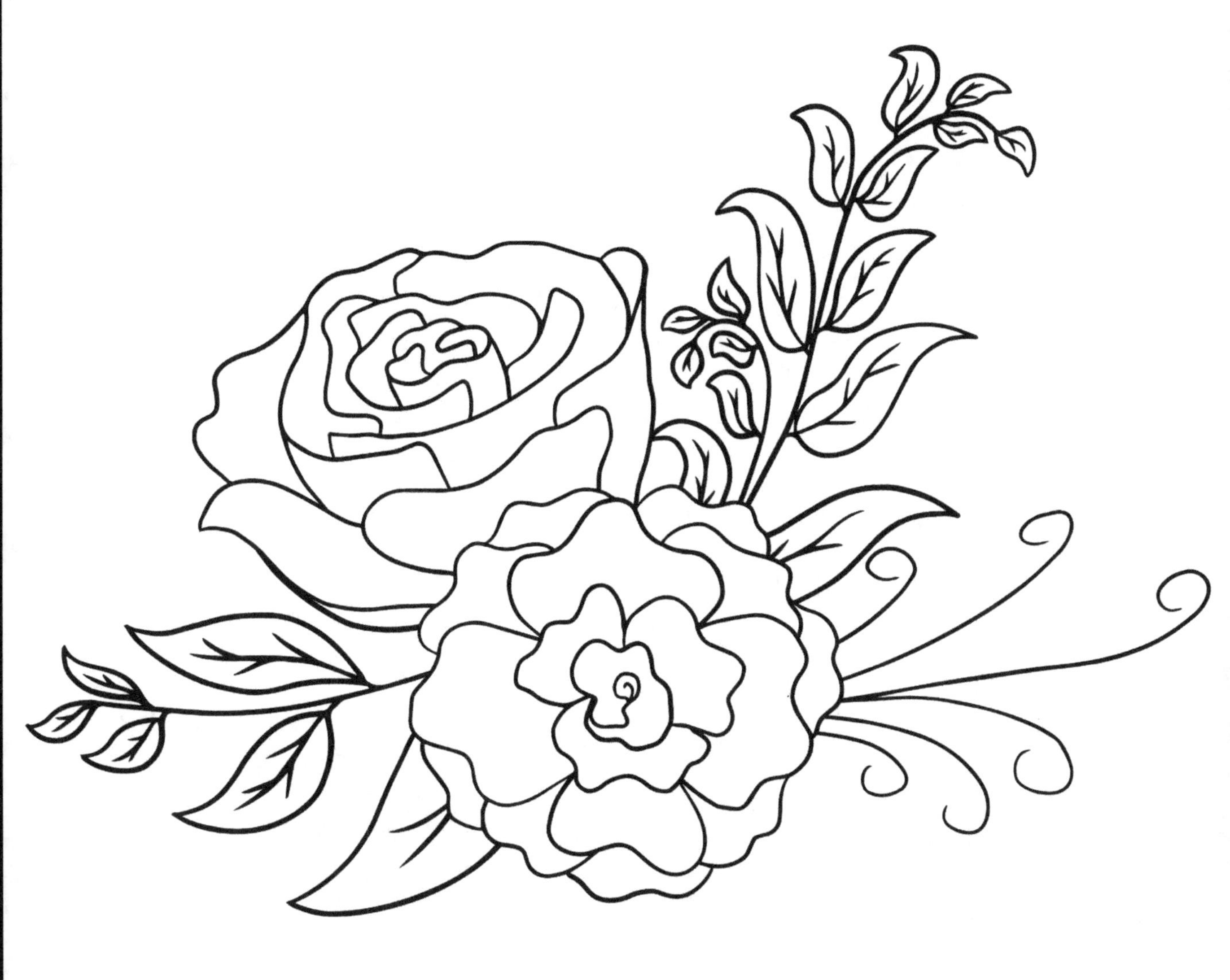

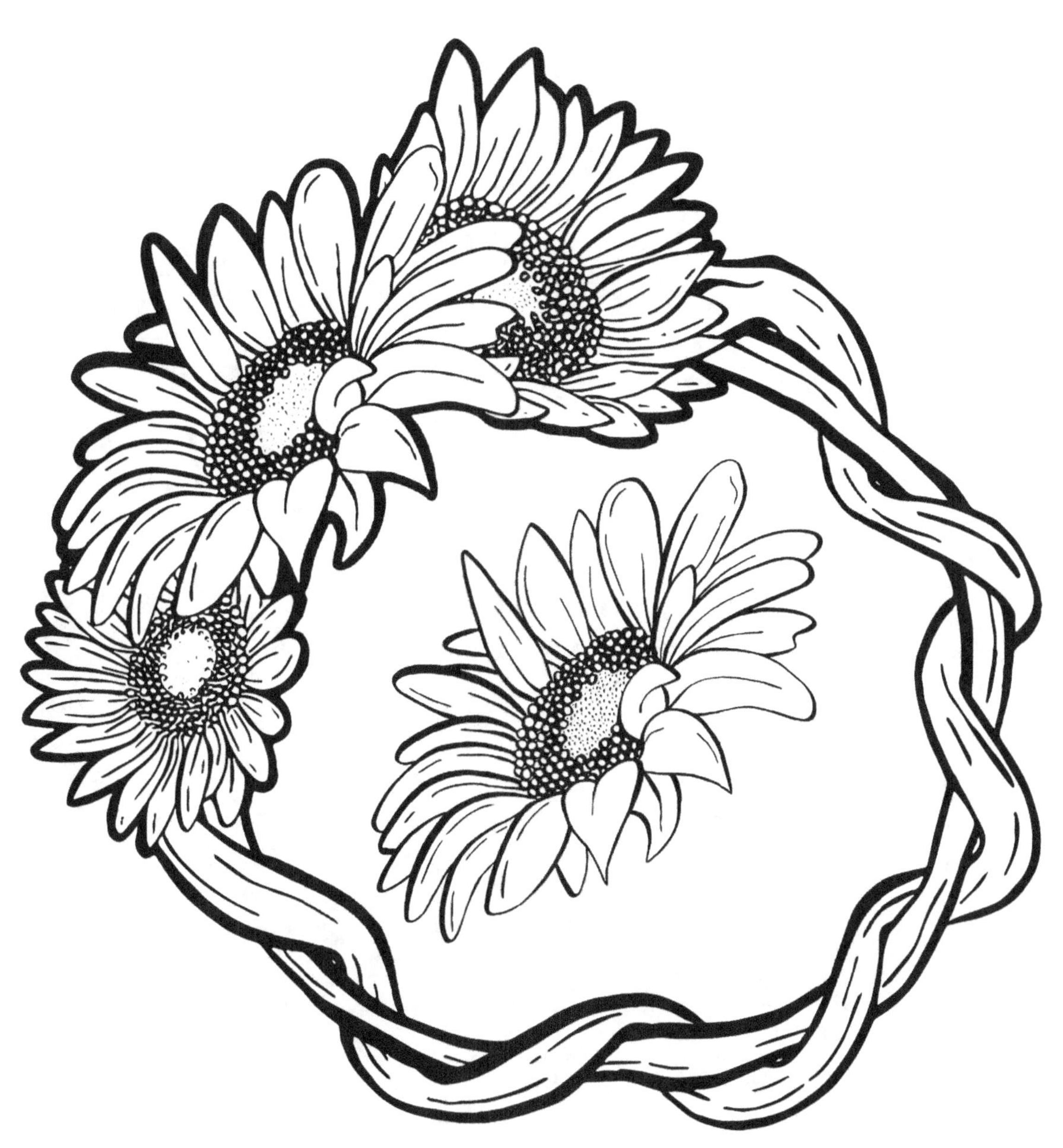

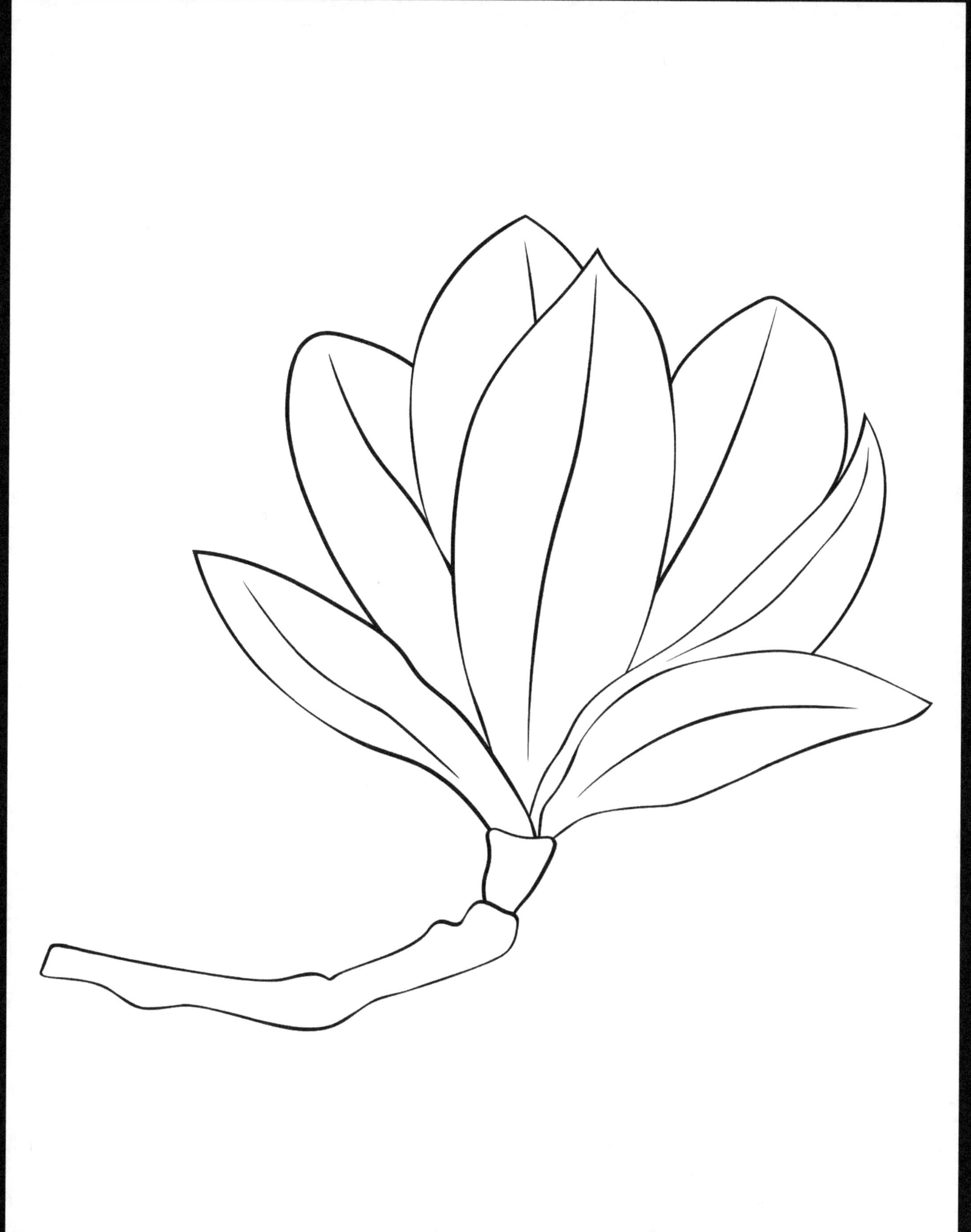

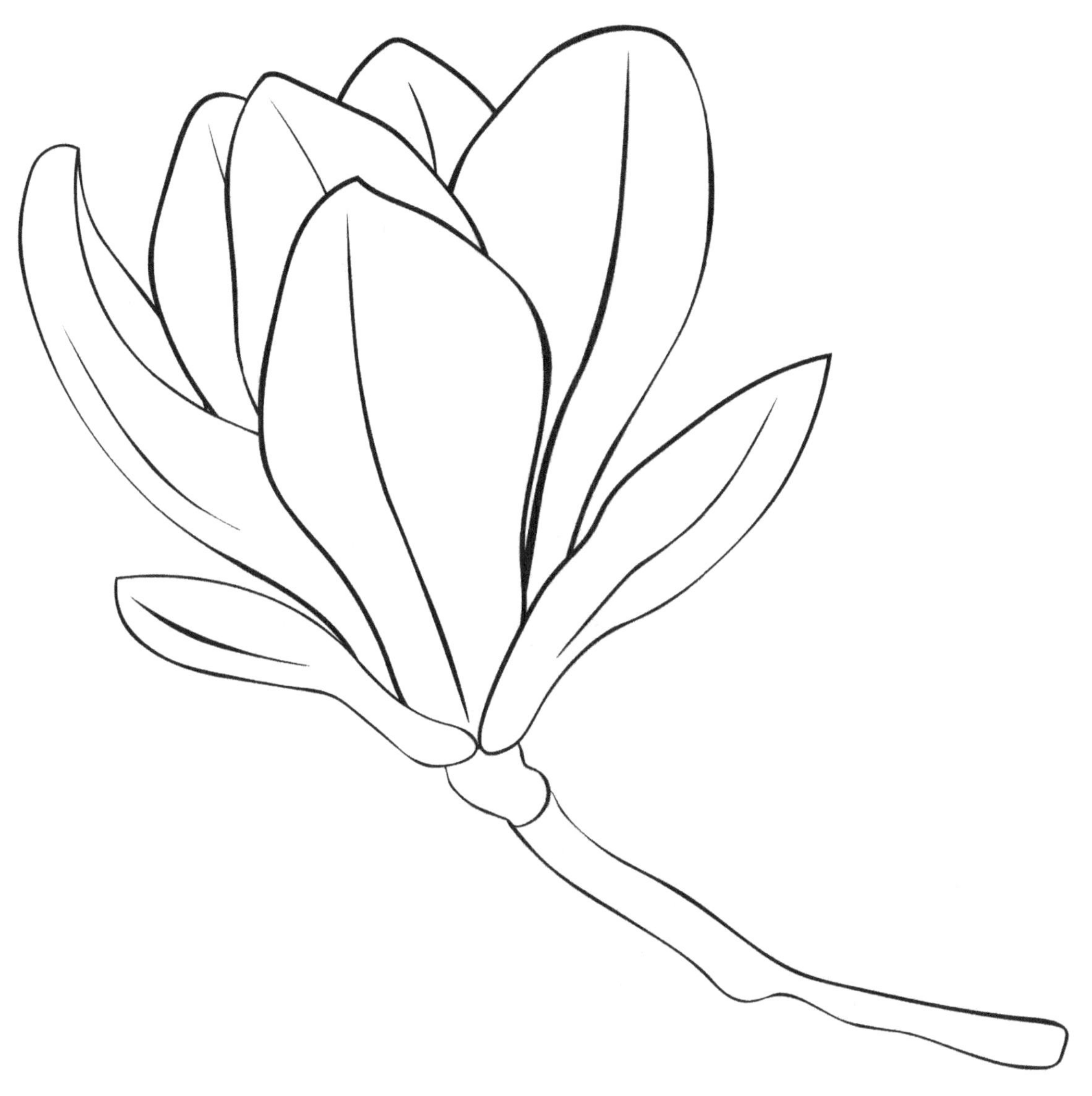

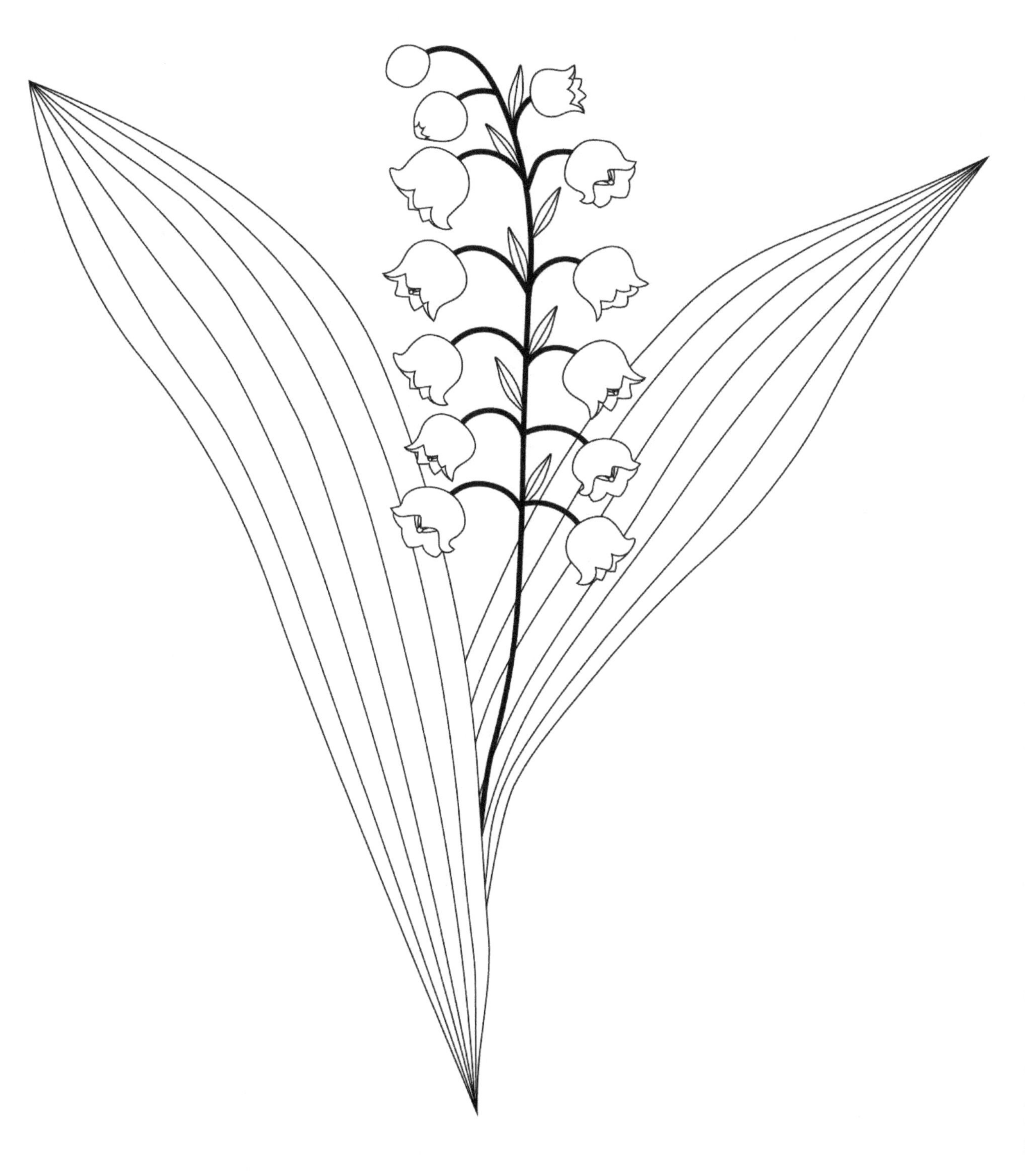